U0577013

名师名校名校长

凝聚名师共识
回应名师关怀
打造名师品牌
培育名师群体

程晓鸣遗墨

名师名校名校长书系

班级管理
创意 无限

主　编／朱穗清
副主编／林洁霞　叶园园　张科

东北师范大学出版社

长　春

图书在版编目（CIP）数据

班级管理创意无限 / 朱穗清主编. — 长春：东北
师范大学出版社，2019.2
ISBN 978-7-5681-5508-3

Ⅰ.①班… Ⅱ.①朱… Ⅲ.①中小学—班级—学校管
理—研究 Ⅳ.①G632.421

中国版本图书馆CIP数据核字（2019）第034825号

□策划创意：刘　鹏
□责任编辑：刘贝贝　何　宁　□封面设计：姜　龙
□责任校对：刘彦妮　张小娅　□责任印制：张允豪

东北师范大学出版社出版发行

长春净月经济开发区金宝街 118 号（邮政编码：130117）

电话：0431-84568033

网址：http：//www.nenup.com

北京言之凿文化发展有限公司设计部制版

廊坊市金朗印刷有限公司印装

廊坊市广阳区廊万路 18 号（邮编：065000）

2022年6月第1版　2022年6月第1次印刷

幅面尺寸：170mm×240mm　印张：15.5　字数：249千

定价：45.00元

编 委 会

问渠那得清如许？为有源头活水来。

　　每一个孩子心中都有一位最好的班主任。他公正、博爱、真诚、自律、进取；他的关爱无微不至，像父母一样；他的课堂生机盎然，让人沉醉其中；他的学识渊博，循循善诱，让孩子们感悟人生的哲理。

　　每一位班主任心中都有一个追求，希望自己掌握扎实的专业知识和润物无声的教育艺术；理解学生成长中遭遇的各种内心的挣扎与困惑；通过自己的教育，让每个孩子都成为有道德、有修养的健康人。

　　每一位教育者都有一种情怀，期待每一个孩子能得到尊重，快乐地生活；渴望每一个生命，能在爱中健康地成长；希冀获学子之丰，济普天之困，繁四海之荣。

　　广州市名班主任朱穗清工作室汇集了一批有能力、有追求、有情怀的班主任老师。他们潜心德育，形成富有特色、卓越的班级管理理念；他们致力于班级管理中各种具体问题的研究，成果颇丰；他们倡导"团队制"的班级管理模式，科学高效。

　　朱子《活水亭观书》诗云："半亩方塘一鉴开，天光云影共徘徊。问渠那得清如许？为有源头活水来。"孩子们心灵与智慧的成长莫贵乎其清纯，也莫难乎其清纯。而班主任就是那涤浊除秽、守护清流的"河长"呀！他们用自己平凡的劳作，诠释着"伟大"的真谛。朱穗清老师和她的团队在研究中的苦与乐、得与失，值得我们每一位中小学老师学习和感悟。

　　祝广州市名班主任朱穗清工作室根在黄埔，花开遍地！

张建武

广州市黄埔区教育局局长

一班一世界，一叶一追求

——广州市名班主任朱穗清工作室简介

广州市名班主任朱穗清工作室于2016年4月由广州市教育局批准在广州石化中学成立，聘请广州市研究院德育与心理教育研究室黄利教授为导师，由来自黄埔区13所学校的36位优秀班主任组成，包括小学、初中、高中、职中、特殊教育，是学段最为丰富的工作室。

一班一世界，一叶一追求，如何构建适合自己的班级管理模式？工作室以此作为研究方向，根据每个成员的个性特长、学科特点、与学生的亲密度等，构建具有个人特色的个性化班级管理模式，形成自己的育人风格和育人思想。其中，"构建团队制班级管理模式研究"成功通过广东省2017年学校德育立项科研课题的申报，并顺利开题进入了研究实践阶段。团队制班级管理模式被邀请到贵州省、韶关、广州等市各类骨干班主任培训上分享，并被多个学校推广，创立了工作室的品牌。

工作室创立的三年里，承办了广州市名班主任工作交流会、区班主任技能大赛及中小学班主任各类培训；举办面向市、区班主任开放的工作室活动，内容涵盖教育科研、主题班会、班级管理；建立了工作室微信公众号、QQ交流群等多渠道的交流平台，出版刊物《清育成穗》《清育成穗——班级管理荟萃》《问道——中小学校校园学习生活指引》《采撷——德育论文集》等书籍；成员或学员被邀请到外省、外市、外区、外校进行班主任培训及经验分享。

工作室以班级管理为主线，以课题研究为载体，以团队学习、同伴互助、独立实践为表征，以"群策群力，幸福前行"为基本宗旨，以"凝聚教育智慧，传递专业理念，共同打造班主任工作的'黄埔军校'"为目标，在上级领导的指导下，打造一支"德育合伙人"的团队，使工作室成为"研究的平台、成长的阶梯、辐射的中心"。

我们的团队

　　工作室由广州石化中学朱穗清老师主持工作，由来自黄埔区的12所学校共同建构。工作室的13名成员，都曾获市、区优秀班主任，市百佳班主任，市名班主任等称号，德育硕果累累，是各校德育工作的中坚力量、班主任领域的佼佼者。21位学员以80后、90后的学校班主任新生力量为主，他们热情、有朝气、乐于思考、勇于开拓、富创新精神。这将是我们工作室一道亮丽的风景线！

我们的追求

　　我们需要的是从教育教学中发现快乐、感受幸福的班主任；我们需要的是常常被学生感动、被自己激励的班主任；我们需要的是在传道、授业、解惑的同时发展自己、成就自己的班主任。

我们的理念

　　潜心德育，次第花开。

德育是我们工作室研究的核心；"潜心"是说我们的态度，要全身心投入，要做真正的研究，要有深度。"次第花开"是"花开见佛"的上半句。书面意思是花依次开，以班主任工作室为平台，让我们的学生成长、成人、成才，也让我们成就自己，在教师职业生涯中绽放自己！花香溢满园！内涵是今生最美的际遇，重塑心灵的力量！希望在穗清老师的带领下，我们的工作、我们的研究能重塑学生心灵，让学生真切地感受到遇到我们是他们一生最美的际遇！

我们的策略

问题驱动，研究突破：以问题为切入口进行德育课题研究，革新德育行为，使德育教育有实效。

专家引领，拾级而上：借专家的视野择高而立、平地而坐、宽处而行，启迪德育智慧，更新德育理念。

活动助推，博采众长：加强与同行的交流与切磋，取他人之长，补己之短。

实践磨砺，协同共进：适时搭建平台，在探索中互补、共生、共长。

我们的平台

微信公众号：ZSQ_MBGZS。

2016年7月1日

第一篇　创意管理模式，给学生更优平台

第二篇　创意班级活动，给学生更炫舞台

第三篇　创意应对技巧，给学生更暖感触

第七篇　创意主题班会，给学生更深感悟

第一篇

创意管理模式，给学生更优平台

1

"一班一世界，一叶一追求"，每位班主任在班级管理上都有自己的想法与做法，每位班主任带班久了都会形成自己的带班风格，将自己的个性融入带班风格中，尤其是用心体会班主任角色的老师。工作室以形成个人特色班级管理为方向，通过个性化班级管理"三阶式"发展螺旋式培养进程，跟随工作室三年工作期，提出一年一台阶，进而形成个人的班级管理特色品牌的螺旋式培养模式。通过这些有创造性的管理模式，充分调动学生的积极性，给学生更优的自主管理平台。

　　其中，朱穗清老师研究的班级团队制管理模式，成功通过了2016年广东省德育课题立题，不少老师根据自己学校、自己班的特点跟随朱老师实行"团队制"班级管理，并在团队制的基础上，形成自己的创意管理模式。例如，叶园园老师把团队制班级管理与语文学科结合，张科老师将海洋文化融入团队管理中。团队制班级管理模式借助广州市名班主任工作室的平台，有机会在贵州省、韶关、广州等市的骨干、名班主任培训班，有机会在区的骨干班主任培训，有机会在市内多所学校跟同行们分享。于是研究路上有了很多一起加入的同行，有些学校还进行了全面的推广，甚至有些高水平学校的班主任也在尝试，他们反馈回来的案例，不断丰富和完善团队制的班级管理方式，让这管理模式在小学、初中、高中等不同的学段、不同水平层次的学校都可找到它的可行性。

　　此外，在工作室个性化班级管理"三阶式"发展螺旋式培养下，还有老师提炼出了有个性的创意管理模式，如蔡淑妍老师的"三重奏+四部曲"等。

班级团队制管理模式

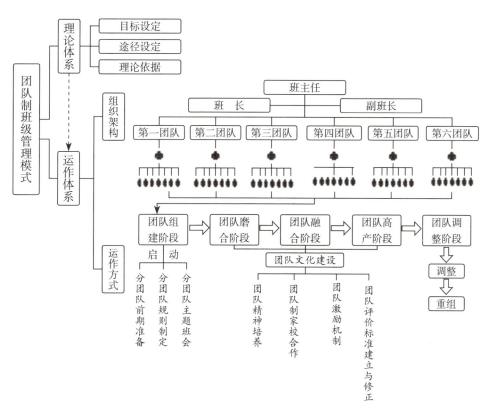

团队制班级管理模式图

【 班级管理模式理念 】

团队制班级管理模式是一项系统工程，以团体动力学为理论支撑，以团队建设为核心，采用团队单轨式自主管理，是学生自主与民主参与、协同管理的班级管理方式。在"以生为本，促其发展"的理念下将班级分为各个团队，在营造民主和谐、公平公正、合作共赢班级氛围的基础上，引入竞争合作机制，把每个学生的行为与他的团队紧紧连在一起，根据师生共同拟定的班级团队评价标准进行奖惩和统计，建立一荣俱荣、一损俱损的成长共同体。在这个共同体中，学生的个人行为受团队同伴的影响并得到有效的约束，激发学生的内驱力和内在潜能，以成就团队为契机，进而成就班级，也成就了个人，促进班级整体发展。

【班级管理模式理论基础】

团体动力学、团体心理辅导、教育心理学、企业团建、班级管理。

【班级管理模式建构过程】

（一）团队组建

1. 团队的人数及座位安排

在人数确定上考虑以下因素：

（1）团队制度是与班级各项管理工作相捆绑的，如每天的班级卫生清洁所需的人数。

（2）人数过少、过于分散，不能体现出队长的权威及团队的合作性，团队人数过多又不利于管理。

（3）班级座位要形成便于管理的方阵，如讨论、互助、交作业等，每周以团队的形式循环进行位置调整。

2. 团队队长的产生

团队队长在考虑综合成绩、个人能力、号召力、合作与协调力等因素的情况下，由全班同学通过投票选举出6位队长，在班会上举行隆重的聘任仪式，颁发聘书。

3. 团队队员的产生

先对学生的兴趣爱好、知识基础、学习能力进行测评，然后结合学生的意愿，把学生组合成若干个异质学习小组。

（二）团队日常管理

1. 团队文化的建设

（1）团队的表征符号：团队成员共同制定队名，设计队旗、队徽和团队口

号等，既培养团队的合作精神，又让各团队产生自豪感和归属感。

（2）团队目标：共同制定，产生团队的内驱力，激发团队成员的热情，一起全力以赴，共同完成。

（3）确定队规：由队长、队员和家长共同制定出团队专属的规则。

（4）团队精神培养：打造团队精神是团队建设的关键与核心所在，也是减少团队内冲突的有效措施。例如，设计多种团队合作的团体辅导活动，进行队际间的比赛，如解人绳、蜈蚣走、拼图等大型的合作游戏，提升学生的沟通能力，学会相互欣赏、合作、协调，树立合作共赢的意识，增强团队的凝聚力与战斗力。

2. 团队周期的控制

（1）根据勒温提出的"解冻—变革—再冻结"社会变化模式，每学期定期对团队进行一次重组，让各团队能超越"团队之私"，减少"固定团队"所带来的负面影响。

（2）让六个团队队长合作制定班集体总目标，将团队目标融入班级目标。

（3）倡导建设性冲突，控制破坏性冲突，将团队合作性和破坏性冲突纳入评价体系中。

（4）六个队长通过圆桌会议，一起及时化解团队间冲突问题。

（三）团队队长赋权

1. 队长与队员协商后签订协议，并取得家长支持，形成心理契约。

2. 队长拥有安排队内同学座位的权力。

3. 队长自主聘请一名副队长，以协助完成队内的管理。

4. 队长可随时通过互教通、电话与家长联系，也可随时召开本队的家长会等。

（四）团队评价

班级最小的单位是团队，评价以个体作为标准，实施捆绑式的团队评价，个人与团队捆绑，没有个人，只有团队。评价的量化方式也由学生制定，在各队内部现有规章的基础上，由他们共同商量并制定出班级共同遵守的量化规则。

（五）团队奖励

为避免造成强者愈强、弱者愈弱的马太效应现象，奖励以团队的形式兑现，不设个人奖。奖励方案由家委会商议，根据团队综合评价分数进行奖励，并邀请全体家长见证颁奖过程，由家长代表为获奖团队颁奖。

【班级管理模式效果】

团队作为整体在很大程度上决定个别成员的思想和行动，个体在行动上与团队成员保持一致是受求同压力的影响，激发了个体发自内心深处的心理需求，成就团队也是在成就个人。团队制的核心价值在于引起班级每个小团体变化而改变个体的行为，其表现为：一是促使学生由"他律"向"自律"转化，在团队中的个体都有切身体会，"我"不是一个孤立的个体，"我"的言行影响的是整个团队，在这种意识下会让个体把团队的要求逐渐内化为自身的要求；二是竞争意识和合作精神，为了共同的目标，队员之间互帮互助，表现出了极强的合作精神和友爱情怀，这种能力也是21世纪对人才的要求之一。

班级是一个小社会，团队制建构出一个让学生完善道德社会化的和谐班集体。团队制所建立起来的团体有着很强的联系，使个体成员的动机与团体目标几乎成为一体。在团队中，共同的愿景构成学习的动力，超越个人之"私"，成就团队之利，促使个人行为受到约束与规范，这个过程就是在帮助学生从自然人走向社会人。

（广州石化中学　朱穗清）

与学科结合的团队制班级管理模式

与学科结合的团队制班级管理模式图

【班级管理模式理念】

以团队制班级管理模式为基础，在课堂上以小组教学为学科教学形式，训练学生语文各学习板块的技巧，最终达到既能做好班级管理和思想教育，又能提高学生学习水平的目的。这使学生得法于课内，得益于课外，最终使学生综合素质得到长远的发展。

【班级管理模式内容】

1. 团队活动

学生会定期组织团队活动，班主任定活动主题，学生做活动的计划。学生组织安排并记录活动全程，最后共同完成书面的《团队活动报告》。这样的训练能够提高学生的语言表达能力、阅读能力和写作能力等语文学科技能水平。

2. 学生培训

班主任利用每周的班会进行学生培训，可以针对学生干部，也可以针对全体学生。形式灵活，大部分是团队拓展活动，如无影凳、搭船、坦克大战等。每次活动都会围绕一个主题来训练班级的协作力。活动结束后让学生写出本次活动的获胜小窍门或自己组与获胜组的差距，并引导学生思考更深层次的感悟。这样的训练能够提高学生的语言表达能力和写作能力等语文学科技能水平。

3. 评价与奖励

上课纪律和学生听写、默写的学习都是以团队为单位。评价制度和评价方式也由学生制定。在各队内部规章的基础上，由他们共同商量，确定出班级共同遵守的量化规则并成为评价制度。在评价制度的基础上进行每月一小奖，学期一大奖。每月分数最高的团队由班主任和家长一起奖励小礼物，每学期末的大奖励是团队外出活动。这样的训练能够提升学生的识记能力和写作能力等语文学科技能水平。

4. 家校合作

作为班主任，不仅带着"学生班"，还带着"家长班"。有了家长委员会的支持，班主任的工作可以开展得更好！家长参与班级事务和学科教学会事半功倍。例如：百日誓师前让学生家长写一封信给自己的孩子，等到百日誓师时交给学生，接着让学生回信给自己的父母。这样做能训练学生的写作能力。

【班级管理模式效果】

把"小组教学"和"团队制班级管理"相结合，可以开展很多既有益于教学又有益于育人的活动。学生从中学到的不仅是知识，更多的是学习的方法，还有对事物的是非判断能力和审美能力。学生能开阔视野，了解到怎么与不同的人相处，甚至会去查阅相关资料和思考更深层次的东西。这个模式不仅能提高语文的学科水平，还可以帮助学生树立正确的价值观，使学生日后走得更高、更稳！

（广州石化中学　叶园园）

海洋文化下的小组合作管理模式

【班级管理模式目标】

培养学生博大包容的海洋情怀，形成海纳百川的品格，让学生沉浸于勇于探索的海洋文化中。

【班级管理模式实施】

（一）文化育人

1. 文化宣传

（1）让学生感受学校的海洋文化，学习海洋特色课程等。

（2）和学生共同创建具有鲜明海洋特色的班级文化。

2. 行为体验

（1）创造条件聘请相关的专家给学生做关于海洋方面的报告、讲座。

（2）带学生参观学习和海洋相关的研究机构、实验室等。

（3）带学生去与海洋相关的企业考察、学习等。

3. 活动感悟

（1）组织学生参加专业的拓展活动，并写出体验感悟。

（2）利用主题班会、特色课程塑造学生的品格，培养学生的情怀。

（二）小组合作管理模式

1. 班级管理以学习小组为核心，班级的评价也以学习小组为基本单位。班级构架如下：

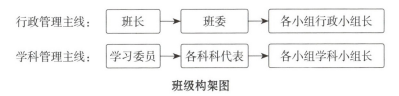

行政管理主线：　班长 → 班委 → 各小组行政小组长

学科管理主线：　学习委员 → 各科科代表 → 各小组学科小组长

班级构架图

2. 小组文化的构建。每个小组在组长带领下，拟定本小组的组名、组训、组规等。小组文化要挂牌展示，时刻激励小组成员。如下表所示：

组名	组长	组训	组规
潜龙组	苏××	居处恭、执事敬、与人忠	（1）早上7：10之前到教室快速地收作业。 （2）认真完成作业，不抄袭。 （3）上课认真听讲，不发呆，不睡觉
青冰组	蔡××	锲而舍之，朽木不折；锲而不舍，金石可镂	（1）上课积极回答问题，不犹犹豫豫，自主起立。 （2）讨论时，每个人发表意见。 （3）违反一项纪律，帮组员打一天水；被表扬一件事，组员帮忙打水或奖励饮料
桀骜鲲鹏组	曹××	不畏什么，不为什么	（1）维护组内和谐与团结，积极承担。 （2）认真听课、写作业。 （3）不为小组扣分，严格遵守纪律。 （4）若拿到了精英或以上的荣誉，组长奖励组员。 （5）若组内成员违反校规、班规、组规或者让本组丢分，就打扫一次卫生

3. 班级实行量化管理。从学习和德育两方面进行评分。学习方面主要从课堂展示、课堂质疑、作业完成情况等方面进行加、减分。德育方面主要从仪容仪表、两操、劳动卫生、纪律、出勤等各方面进行加、减分。加减分的标准、细则，由全班同学共同讨论制定。量化评价的实施，德育部分由班长带领各行政小组长落实，学习部分由学习委员带领各学科小组长落实。如下面两个表格所示：

班级常规加减分记录表

	早上迟到	中午迟到	下午迟到	晚自习迟到	晚自习纪律	寝室纪律	课间操	作业	课堂违纪
一组									
二组									
三组									
四组									
五组									

班级各学科课堂表现加减分记录表

	语文	数学	英语	物理	化学	生物	政治	历史	地理	合计
一组										
二组										
三组										
四组										
五组										

4. 评价结果。根据小组得分，评选出至尊小组、精英小组、优秀小组、良好小组、合格小组等。根据量化评分评出课堂展示之星、质疑之星、学习之星、礼仪之星、劳动之星等。

（广州市第八十六中学　张科）

11

改变自我的小组合作管理模式

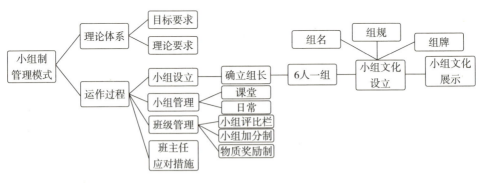

班级管理模式图

【班级管理模式理念】

新课改方案的实施，对培养学生的创新素质提出了新的要求。让课堂以学生为主，放手让学生自学，合作探究，以生为本，寻求科学管理方法。学习小组是班级的基本元素，班级通过小组的管理来维持正常的运转。学习小组的建设在教学和班级管理中都起到了很关键的作用。为配合课堂教学改革，培养学生的团结协作意识，增强学生的集体荣誉感，加强学生的自教互管，我把小组合作学习及小组合作管理纳入了班级管理实践中。

小组是一个高度凝结的集体，小组成员的学习、成长与评价都和小组密不可分。只有小组建设成功，小组成员才能达到个人目标，并帮助小组同伴实现目标。因此，小组的组建很重要，科学的小组分法是关键。

【班级管理模式建构过程】

1. 小组设立

（1）以6人为一小组，每组有两名A等生、两名B等生、两名C等生（A、

B、C等生的分类是以"综合能力"为基础，而不仅仅是分数，并且要使A、B、C类学生的座位分配均匀）。

（2）选小组组长：组长是小组的灵魂，既是小组活动的领导者，又是小组活动的组织者，在合作学习中具有重要地位。组长在班主任和班委会的指导下开展工作，履行职责。

（3）确立小组组名：小组成员集体确立组名，根据本校海洋文化的特色，设计属于自己"海"的组名，每组成员还可以为本小组设计组徽、口号、组训，对此学生往往兴趣盎然、新意迭出，让学生初尝了独立自主的滋味。

2. 小组管理

（1）在课堂上，要想让学生真正地参与到交流合作中，不让小组的交流流于形式，就要做到"人人有事做"。因此，小组的每一名同学都有分工，这6名同学有负责记录的，有代表发言的，有负责逆向思维的等，他们各司其职，让小组合作在老师规定的时间内达到最好的效果。

（2）在日常行为中，小组长需要通过评价来调整自己的管理方向和方法；小组成员需要通过评价知道自己的所作所为对小组的影响；老师需要通过评价向小组和学生要自己所需要的纪律、成绩等。

3. 小组间的班级管理

每个小组除了进行自我管理之外，还要参与班级管理。

（1）在教室文化栏开辟小组的评比栏，根据学习、常规两大板块，每一小组都能及时了解自己小组的表现情况。

（2）依据小组整体的表现对小组加分，一周一次小结，一月一次大总结，指出优点和不足，评选出最佳小组、最佳组长。

（3）在评比时给予物质奖励，学期结束将其成绩计入评优活动中。

做到人人为努力进步而"战"，促使小组间、成员间的竞争，激励学生们不断努力。

4. 班主任应对措施

班主任宏观调控，适当出谋划策并提出指导性意见。

（1）放手、放权、放心，但不放任、不偷懒、不懈怠。

（2）常常到班里去走一走，常常去课堂上查一查。

（3）常常找各类学生了解情况，谈谈心，及时发现问题并协助组长解决问题。

（4）关心组长及组员的困难，倾听他们的想法和合理建议，指导组长正确开展工作。

（5）对能力太差的组长，手把手进行指导。组长定期培训，轮流上岗。

（6）定期或不定期召开组长会议，交流小组管理的先进经验，吸取教训共同进步，共同提高管理水平。

【班级管理模式效果】

开展小组合作管理制度以来，每个小组的学习劲头都非常足，学习氛围也很好。合作小组的建立促进了小组内和小组间的竞争，竞争内容的多样化使学生一直处于竞争的环境，努力改变自我，尽量超越自我、展示自我，努力为小组争光；在竞争中，同组同学也会时常督促帮助本组成员努力完成学习任务或本职工作，在竞争的压力下，小组成员齐心协力，形成合力，在总体上促进了班级管理目标的实现。

建设好学习小组不仅能够在教学上构建"高效课堂"，而且在班级管理方面及提高学生成绩方面都能起到良好的促进作用。小组建设班级学习管理模式充分体现了主体的平等性，强化了群体合作意识，激发了学生的参与管理的热情，在自主管理中增强自我约束；充分挖掘了学生的潜能，使学生学会学习、学习合作、学会竞争，为学生的和谐发展奠定坚实的基础。

（广州市第八十六中学　蔡丹）

奏响三重奏　唱响四部曲

——小学班级特色管理

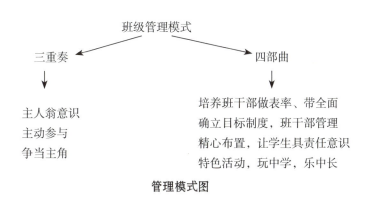

班级管理模式

三重奏　　　　　　　　　　　　　　四部曲

主人翁意识　　　　　　　　　培养班干部做表率、带全面
主动参与　　　　　　　　　　确立目标制度，班干部管理
争当主角　　　　　　　　　　精心布置，让学生具责任意识
　　　　　　　　　　　　　　特色活动，玩中学，乐中长

管理模式图

【班级管理模式理念】

"三重奏+四部曲"遵循小学生身心发展规律，符合小学教育发展的特点，是一种培养小学生自主管理意识、协作意识的有效班级管理方法。

【班级管理模式理论】

班级管理工作琐碎又重要，班级管理的工作要做到宽柔并济、科学合理；同时，要求班主任摒弃"发号命令"的身份，转而以"学生管理班级的合作者"的身份登台。

【班级管理模式措施】

（一）奏响"以人为本"三重奏

1. 主人翁意识——通过各种活动和主题班会，增强学生的集体荣誉感，意识到自己是班级大家庭的主人。

2. 主动参与——给予积极引导，创设条件和场景让学生参与班级的自主管理。

3. 争当主角——在倡导团结、和谐的前提下，注重学生的个性化发展，注重学生的全面发展。

（二）唱响"优化管理"四部曲

1. 注重培养优秀班干部，让班干部乐做表率、带全面

优秀的班干部是联系老师与学生的桥梁，是老师的得力助手。班干部采用自己报名民主选举方式产生，在班主任的培训和指导下，他们工作认真、责任心强，能各施其责并相互配合，共同为集体建设做出了贡献。

2. 确立目标，健全制度，让班干部带领同学自主管理

（1）确立目标：结合学校和班级实际确立班级目标、口号，促进班风、学风建设。

（2）健全制度：根据班级里的具体工作及每名学生的特点安排岗位，使"人人有事管"，让每一名学生都能体验集体主人翁的自豪感，体验为他人服务的快乐，体验与同伴合作的情趣。

（3）自主管理：小组长、班干部、值日班长三级管理模式极大地调动了学生参与班级管理的兴趣和积极性，也加强了学生管理的自觉性。

3. 巧妙利用，精心布置，让全体学生具有责任意识

（1）巧妙利用：组织学生精心设计和布置，使教室的每一块墙壁、每一个角落都具有教育内容，富有教育作用。

（2）精心布置：结合区教育局、学校、班级开展的活动进行环境布置，每月更换一次主题。学生全员参与，写的写，画的画，再挑选一部分优秀作品进行布置与更换。

（3）责任意识：唤起学生对班级的责任意识，将自己视作班级这个家庭中的一员，逐渐形成"班兴我荣，班衰我耻"的观念。

4. 争章活动突显特色，让全体队员玩中学、乐中长

（1）"雏鹰争章"增强能力：结合学校"和雅"文化，组织开展了"雏鹰争章"活动，把"雏鹰假日小队"发展成了连续性的活动形式，从学期中的假日到假期，让学生不间断地为自己的争章计划而努力，做到"人人参与、个个有章"。

（2）特色活动多姿多彩：坚持以少先队为核心，精心设计和开展丰富多彩的中队活动。充分利用主题班会活动，强化学生的养成教育，树立良好的班风。每位学生在实践中得到了锻炼，发挥了自己的才能。

（3）玩中学，乐中长。

（4）开展更多的特色活动：利用课堂学习软笔书法，感受书法的艺术性和审美情趣。发动学生参加棋类学习，积极参加各类比赛。利用寒暑假布置有特色的班级作业，如"学会做一道菜""学会踢毽子"等，开学后组织活动，给孩子提供展示的机会，力争让每一名学生都成为儒雅少年。

【班级管理模式效果】

"三重奏+四部曲"能让班级营造出良好的班风、学风，系列的做法逐步培养和提升学生的思想境界。品德先走、学习能力随后的教育主基调，让整个班级散发出活力与生机，促进学生的健康与全面发展。

（广州市黄埔区文冲小学　蔡淑妍）

雅美班级管理模式

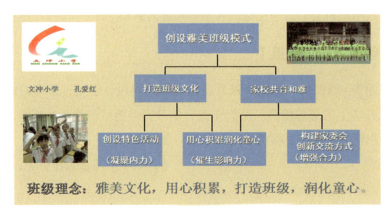

管理模式图

【班级管理模式理念】

在小学的教育中，班级文化是一个很重要的角色，学生在学校的生活离不开班级，也离不开班级的文化建设。良好的班级文化建设，可以很好地帮助学生度过学校的生活时光，它是班级的灵魂所在。因此，努力打造班级文化，形成班级管理特色——"雅言美行"，润泽孩子的童心。

【班级管理模式理论基础】

打造班级文化、创设特色活动、家校共育和雅、班级管理。

【班级管理模式建构】

1."雅美环境"，陶冶情操

整洁、明亮、温馨的教室环境可以激发性情、陶冶情操，给人以启迪教育。我和孩子们精心布置教室，于无声处熏陶着孩子审美、爱美、追求美的品质。

（1）充分利用"红领巾活动角""小小心愿"专栏给学生自我展示、自我交流的空间。这里是童心感受到温暖最明显的地方，是心灵互相润泽的"小溪"。

（2）"小小充电站"：小书库天天午读开放，由两名图书管理员做好阅读登记。每月末，进行讲故事比赛，并且评出读书之星。

（3）教室的绿植陪伴着读书声、欢笑声，让教室平添几分"安宁"，却又不失"活力"，赏心悦目的绿意与教室的干净、整洁相互辉映，透出希望。

2."雅美制度"，规范言行

班级制度是班级文化的核心和灵魂，用心培养班干部队伍，让班集体的每个成员都有参与管理和为集体服务的机会，体会为集体付出的快乐，慢慢地"雅美"在孩子们的内心绽放，滋润心灵，积蓄正能量，最终达到凝心聚力的效果。

（1）善于选用小干部，发挥班干部及每名学生的积极性。

（2）除组建核心队伍外，还组建各种检查小组，让他们各尽其职，互相协助，共同把班级常规工作做好。

（3）充分利用班级互帮和评比活动，刚柔并济，奖罚分明，让孩子们从小知道要为自己的行为负责，用"雅美"的行为照亮自己。

3."雅美活动"，促进成长

精心策划班级活动，把活动贯穿学生的学习生活中，既丰富了学生的阅历，又锻炼了学生的毅力与能力，形成了班级的活力和凝聚力，让孩子们健康、快乐地成长！

（1）国学经典诵读活动：在诵读活动中，感受中华经典的魅力，积累丰富的语言，陶冶审美情趣，促进个性发展，提高道德修养。在这三年的时间里，我们吟诵了《弟子规》《三字经》《千字文》《古诗80首》。

（2）德育亲子活动：根据班级实际设计了孝德之星活动、小雷锋日记活动，学生从中学会了感恩，学会了爱集体，乐于帮助关心别人。此外，还举行了"我和春天（秋天）"的系列亲子活动，开展家长课程、亲子共读、亲子户外活动，孩子们在活动中拓展了视野，增长了见识。

（3）文体、课外实践活动：进行讲故事、下棋、爬山、跳绳、拔河、踢毽子等比赛，组织春游、秋游、军训等活动，丰富孩子们的课余生活。

（4）组织学生和家长一起制定班级公约、班级口号、班级奋斗目标及设计班旗等，形成自己的班级风格。

4."雅美共育"，共谋发展

一个有智慧的班主任，一定不会忽略家长资源。在班主任工作中，如何让家长成为班级工作的强力后盾呢？

（1）用心开好每一次家长会。

（2）用人格魅力，以班级优异的成绩在家长中确立自己的威信与感召力。

（3）构建家委会，创新交流方式。巧用家长现有的资源，明确家委的职责和分工，不断争取家长的支持和配合，形成强大的教育合力，发挥整体教育效应。

（4）通过QQ和微信沟通平台，创新交流方式。

交流结构图

【班级管理模式效果】

经过三年用心实践，"雅美文化"在本班级中结出了丰硕的果实。在"雅美文化"理念的润泽下，学生们在学习过程中收获了快乐和成功的喜悦。

（广州市黄埔区文冲小学　孔爱红）

结构化教学模式下的班级管理模式

【班级管理模式理念】

特殊教育的教育对象是一群在智力、动作、语言、社交等方面存在障碍的学生。这些孩子常常表现出各种适应性的困难，因此，也容易产生焦虑等各种情绪问题。在班级管理上，采用结构化教学法为主的模式，能使学生尽快适应教室环境，通过视觉提示实现自我指导，降低学生的焦虑感，从而使学生在环境中得到学习。此外，加入班级代币奖励系统，可提高特殊儿童学习的动机。结构化教学模式尤其适用于低年段、学习能力弱的学生。

【班级管理模式理论基础】

教育心理学、学习心理学、发展心理学、结构化教学理论、特殊儿童身心特点、特殊儿童视觉提示教学策略。

【班级管理模式建构过程】

1. 环境结构化

在班级管理上，运用结构化教学法，将教室环境分为不同的区域，可以使学生在不同需求下，能自主切换，提高环境适应性。

（1）集体教学区：学生年龄段为低年段，将集体教学区安排在垫子上进行，选择在垫上运动，增加学生知觉动作的输入，通过每天垫上运动，提高学生动作能力。

（2）分组教学区：特殊儿童的注意力持续时间较短，在分组教学中，主教与助教分别负责不同的学生进行教学，这样教师可以给学生提供更多的自主练习的机会。

（3）个别工作区：用于学生完成个人工作时使用，逐步锻炼学生的自我管理能力。

（4）休息区：学生需要进行自我安抚时，在休息区自我调整，既处理了自己的情绪，又减少对其他同学的干扰。

（5）个人物品区：用于学生存放个人用品与自我管理能力的练习。

教室区域分布图

2. 课堂结构化

由于特殊儿童的注意力持续时间较短，集体教学对于学生而言相对困难，他们需要更多的关注与辅助。为了提高学生在课堂的注意力与参与度，课堂模式采用结构化教学，如下图，可使学生在同一节课堂中得到反复练习，掌握相关的知识与技能。

结构化课堂模式

3. 奖励系统

针对学生的认知水平与动机，设定小红花奖励系统，作为代币机制。学生通过小红花可以获得自己想要的玩具、活动等，提高学生的学习动机。

4. 视觉提示系统

为了提高学生的自我指导能力及适应性，班级中多处运用视觉提示系统，使学生通过提示指导自己的行动。其中，根据学生认知水平，以图片为主，文字为辅。

　　学生按数字顺序排队，学生照片或姓名作为视觉提示，提醒学生站在相应的位置。有能力认识文字的学生按自己的姓名站好，无法认字的学生则辨识自己的照片并站好。

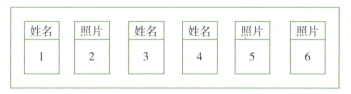

排队指示图

【班级管理模式效果】

　　通过运用结构化教学法，这班中重度的特殊学生，在短短两个月的时间能很好地适应教室环境，如物品归位、完成作业、上课坐在指定位置等，结构化的课堂使学生能自主转换学习区，在课堂中得到不断练习。代币制度实施后，提高了学生的学习动机和延迟等待的能力，促进特殊儿童的社会适应性，为他们以后的融合教育与自主生活等提供基础。

（广州市黄埔区启智学校　蔡燕丹）

启智学校班级自我管理模式

自订契约 ，自我监控 → 自我评价 → 自我激励

管理模式图

【班级管理模式理念】

自我管理是指个体采取任何行动，以改变或维持自身行为的过程。自我管理有自订契约、自我规划、自我教导、自我决定、自我监控、自我评价、自我执行七个方面。有人说："今天我们在班级中培养学生智能和道德的自主性，就是对明日良好社会结构的投资。"发育迟缓的学生一般都有自我管理障碍，包括自我控制能力差，难以抗干扰，不能等待，缺乏目标管理、时间管理，在日常生活当中不会自我激励等问题。通常他们给我们的感觉是没有目标，没有计划，没有方法。在平时生活中容易表现得无事可做，从而发展出一些自我刺激、扰乱班级秩序、出现伤他与自伤等行为问题。特殊孩子由于智能等方面的障碍，较适合并且喜欢操作性内容。通过"班级劳动"这个较具有功能性的自我管理策略的教导，以点带面发展学生的自我管理能力，能够减少学生的固执行为、促进专注行为，提升学生的教室生存技能力，优化班级管理。

【班级管理模式理论基础】

自我管理、自订契约、自我规划、自我教导、自我决定、自我监控、自我评价、自我激励、自我执行。

【班级管理模式建构过程】

1. 自订契约

（1）教师与学生个人探讨并制定每个学生可承担的班级劳动事宜，制作个

性化的《××值日任务卡》。劳动任务应当是学生愿意承担的，并承诺要去承担的劳动。

（2）形成全班的《卫生值日表》。

（3）将《卫生值日表》张贴于学生建议的教室显眼处，请学生自己将任务卡张贴或放置于透明胶垫下面，让图卡作为"视觉提示"帮助学生记得去劳动。让动手张贴或放置，成为学生的一种契约行为，形成契约精神。

卫生值日表

时间段	卫生区域	工作任务	负责学生	指导老师
早晨入校	学习区	摆椅子		
	教室门窗	擦门、擦窗户		
	课桌椅柜子	擦课桌椅、柜子		
	饮水区	清洗杯子		
课间放学后	饮水区卫生区	洗水壶、取饮用水、倒垃圾		
午餐时间	用餐区	取、送饭盒、洗饭箱、饭后擦桌子		
		取水果、午点送水果盘		
放学后	教室	收椅子		
	教室地板	拖地桶装水		
		扫地、拖地、套垃圾袋		

2. 自我监控

（1）将过塑过的《××值日任务卡》张贴或放置于透明胶垫下面。

（2）学生按照任务卡完成当天的任务。

（3）每天完成一项任务之后在任务卡上相应名称后打"√"。

3. 自我评价

（1）放学前计数自己有几个"√"，取相应数目的"点赞"图卡贴于"比一比谁最棒"荣誉榜上。

（2）当"比一比谁最棒"荣誉榜上贴满之后，可将上面的"大拇指"图卡取下，计数图卡个数，将取下的图卡数字填入《积分存折》之中，相当于"存款"。

（3）"存折"操作与使用对特殊孩子来说较复杂，老师通过工作分析提前制作"存款步骤"和"取款步骤"在课堂上教导学生如何操作。

4. 自我激励

在每个月的最后一天，班级组织积分或"点赞"图卡兑换，教师提前制定兑换规则，如5个图卡=玩一次平板电脑，10个图卡=一封表扬信。平时如果学生自主提出，教师可临时给学生进行兑换。在学期末也会组织一次兑换，5封表扬信可以兑换奖状或其他奖品。

【班级管理模式效果】

开展班级自我管理以来，同学们从入校到放学前，课余时间都有事可做，少了很多的空白时间让学生滋生事端。通过自主劳动，学生们的精细动作、粗大动作得到锻炼；在做的过程当中，学生们的自主性、计划性、纪律性都得到了提升。学生们越来越喜欢劳动，越来越擅长劳动，并在劳动中找到了自我价值感。他们的情绪也越来越稳定。比如曾经的"爱哭郎"通过劳动逐渐建立了与老师们的关系，变得不哭，有事做，还会关心老师和同学们。并且学生的劳动状态还延伸到家里，家长们个个脸上乐开了花，说"孩子在家越来越能干了"。总体来说，班级自我管理让学生从"熊孩子"转变成了老师和家长的"好帮手"。

（广州市黄埔区启智学校　邹苹　方凯专）

第二篇

创意班级活动，给学生更炫舞台

2

　　班级活动是在班级内有组织地开展的各种教育活动，对班级学生的发展、班级凝聚力、良好班风、学风的形成起到事半功倍的作用。

　　丰富多彩、有创意的班级活动不仅有利于班级建设，也是开发成员身心素质、潜能的基础。每位班主任都希望自己的学生热爱集体，关心他人，而具有创意的班级活动恰恰是这些品质形成的催化剂。活动中，学生有所收获的同时，也是给学生一个展示与交流舞台。

难忘的烛光晚会

【活动目的】

在紧张的军训过程中进行调节，增加班级凝聚力，培养小组合作能力。

在进行军训活动时，学校有所改革，在正常的军事训练同时，提前进行小组建设活动。每天白天进行军事训练，晚上进班，由班主任带领进行各种小组建设活动。为此，在军训的最后一晚，我们班开展了烛光晚会活动。

【活动准备】

这次活动是结合小组建设和学生自主管理开展。

在活动的准备阶段，预先告诉全班活动的安排，布置各小组提交活动方案。然后在班里进行投票选举，共同决定最终的实施方案。经过激烈的角逐，第二小组提出的方案获得大家的支持。接下来的活动，就由第二小组全权负责，包括准备场地、道具，选择活动主持人，安排活动流程，协调各小组的节目安排……

【活动操作】

活动开始，大家摆好桌椅，点上提前准备好的蜡烛。随着电灯的熄灭，温馨、浪漫的氛围随之而出。在两位主持人幽默的言辞下，各个小组纷纷亮相，表演自己精心准备的节目。唐宏杰同学的吉他表演，在朦胧的烛光中，让大家沉醉其中。除了正常的活动流程，临时加了一个特别环节。由于那天刚好是班里两位同学的生日，全班同学准备特别给他们庆祝一下。两位"寿星"站在教室中央，全班一起合唱《生日快乐》，气氛无比温馨。

这次活动深深烙印在每位同学心里，也烙印在我的心里。它是一场完全由学生组织开展的活动，活动全程教师的角色就是"摄影师"。

烛光晚会

（广州开发区外国语学校　朱艳娜）

寻找最美大学

——第一次小组团建

【活动目的】

高一上学期，各互助学习小组建立之初，给学生们布置一个以组为单位，周末一起到大学城参观高校的任务。希望新组员们在策划、组织、出行过程中深入地相互了解，形成默契，从而使小组在学校的互助合作更有效。同时，参观高校可以帮助高一的学生，立定志向勇往直前，期待三年后能实现自己的大学梦，在大学校园里脚步轻盈，笑语欢声。

【活动操作】

1. 选定目标

提前两周让各组通过上网查阅资料等途径确定自己此行的目标高校，并预设本次活动的主要参观目标，如图书馆、食堂等。

2. 制订出行计划

出行前的班会课让各个小组制订自己的出行计划和具体分工，包括大家的集合地点和时间、出行的路线设计、交通方式选择、是否在外就餐、用餐饭店的选择、活动费用的预算等。做好紧急情况的预案，如天气变化、组员受伤等。各组还要细化分工，明确职责。

3. 活动的实施

各组当天按照计划出行参观高校，并及时在班级群里与大家分享实施情况。参观过程中学生积累照片等素材，参观后大家一起分享参观的感想并由相关负责同学制作PPT和手抄报等展示内容。

4. 成果展示

出行后的班会课上，请同学们分组上讲台展示在高校的所见、所闻、所感，并与其他组同学们分享。

【活动效果】

通过这次校外活动，组员之间的交流增进了他们之间的友谊，提高了组内的默契度，丰富了大家的课余生活，提高了大家的集体生活实践能力。使互动学习小组不仅仅局限于校内学习，更使小组成员的联系、合作、互助延伸到了课堂以外的广阔天地。同时，通过对高校历史文化、校园生活的了解，让学生们更加明确自己的奋斗目标，起到激励的作用。

（广州市第八十六中学　李瑜瑛）

高考誓师与远足

【活动目的】

本次"高考誓师大会暨大学城远足"活动，目的是为高三最后冲刺阶段加油，释放高三的紧张情绪，加强师生交流，让学生走进大学城，拉进与梦想大学的距离。同时，在活动中让同学们学会团结互助，学会关爱他人，展现广州科学城中学学子风采。

广州大学城远足小册子

【活动准备】

（1）拟好高考誓师班级口号，印制在远足红旗上，并在活动前，由班长进行一分钟强化誓师口号。

（2）确定好班级领誓人，利用早读进行练习。

（3）制作好远足印章、远足小册子、远足纪念品钥匙扣。

（3）将班级学生分成若干小组（确定小组长），对不能参加远足的学生适当安排（可在大学校门驻点协助盖印章）。

（4）进行活动总动员，并重点强调安全、纪律及秩序文明的要求。

远足纪念品钥匙扣正面

远足纪念品钥匙扣反面

【活动操作】

07：30从学校集中出发，按班级集中乘车前往大学城的华南理工校区。

09：00在华南理工体育馆开展高考宣誓活动（家长同行）。

10：30在华南理工大学正门集队，远足开始，发放远足小册子，每经过一个大学会盖上印章以作纪念，途经华工、广工、美术学院、广大。

11：30—12：30中途休息，广州大学饭堂用餐。

12：30—14：30远足继续，途经广大、华师、星海音乐学院、中大，回到终点，进行终点签名活动（在远足红旗上签名），并对完成远足的同学颁发远足纪念品钥匙扣。

15：00自由活动及中大牌坊合影留念。

活动结束，学生乘车返校，到校后归家休息。

中山大学校门前班级合影

（广州科学城中学　王岐阳）

成人礼

【活动目的】

引导学生树立坚定的理想信念，培养良好的道德品质，进一步增强青年学生的公民意识和责任意识，促使青年学生形成科学的世界观和人生观，达到进行爱国主义教育的目的，并借此契机激发学生的学习动力。

【活动准备】

（1）拟好班级口号，并在活动前，由班长进行一分钟强化誓师口号。

（2）提醒学生给家长写一封家书。

（3）提醒家长提前给小孩准备家书和成年礼物。

（4）每个学生提供2~3张儿时的电子版相片和成年后参加社会实践活动的相片。

（5）提前准备好每个人的成人证书。

（6）提前准备好成人礼礼服，统一服装。

【活动操作】

（1）班级口号比赛。

（2）介绍嘉宾。

（3）奏唱国歌。

（4）校领导致辞。

（5）学生代表发言。

（6）家长代表致辞。

（7）班级朗诵。

（8）全体学生成人宣誓。

（9）学生代表给教师献花。

（10）献给母亲的歌（学生独唱《月光》）。

（11）感恩教育——与家长对视3分钟，拥抱并互相整理着装（背景音乐《时间都去哪儿了》）。

（12）交换家书，赠予礼物——互赠家书，家长赠予成年礼。

（13）走过时光廊，迈入成人门，领取成人证书（由校领导向每名学生颁发成人证书）、宪法。

（14）级长致辞。

（15）家长与学生签名。

（16）合影留念。

（17）家长、老师、学生自由合影。

成人礼班级合影

（广州科学城中学　王岐阳）

高考前的登顶

【活动目的】

每次带高三，都能感受到学生的那份压力，所以到了5月份，组织学生远足、爬山，一方面让学生到大自然中吸吸氧，放松一下紧张的情绪；另一方面，把活动取名为"登顶之旅"，亦有"问鼎"之意，是对学生的一种祝福。

【活动准备】

1. 选好旅行社，定好价格，由旅行社发收费通知，购买保险等，班主任跟家长沟通，确定参加人数，确实不能参加的学生要注明原因。

2. 根据人数确定车辆的数量、学生的乘车安排、每辆车的带班老师等。

3. 适当购买一些晕车药和常用的外用药品。

4. 做好励志横幅，购买激励小礼品。

5. 每班定好本班的登顶口号。

【活动操作】

1. 活动流程

（1）上午7：30在学校门口集合。

（2）由旅行社组织前往目的地。

（3）在山上组织高考励志活动，一起喊奋斗口号，发放小礼品。

（4）下午3：00集合回校，大约5：00抵达学校。

2. 温馨提示

（1）外出活动，安全第一！必须选择有资质的正规旅行社，一定要购买保险，并且要向家长交代清楚旅行社的名字及具体安排。

（2）晕车的学生要提前告知班主任，提前吃药。

（3）虽然我们选择的山都不太高，攀登难度也不大，但还是有一点风险的，所以一定要提醒学生先看地图，了解上、下山的路径，知道集合地点等。

（4）各班学生要做好分组，各小组要统一行动，并留下组长电话，方便联系。

3. 一点体会

学生也许曾经去过这些名山，但是和全年级同学一起，和共同拼搏了三年的同学一起登山，感觉还是很不一样的。

高中三年确实很苦，学生登顶后能够尽情释放压力，微笑着迎接六月的到来！

（广州开发区外国语学校　张伟智）

教室外拓展

【活动目的】

本活动能更好地提高同学们的综合素质，增强班级凝聚力，促进学生之间的相互交流与沟通，培养其团队协作的精神，学会与他人分享。

【活动准备】

1.齐心协力准备活动需要的材料：木板、绳子。

2.人墙活动：不需要道具，但是需要有一个科任老师从旁协助，特别是活动前一定要交代清楚活动规则，避免受伤。

【活动操作】

1.齐心协力：每个组站在同一条长木板上，靠绳子拉动来前行，必须通过组员的共同协助才能前进，速度最快的组为赢。

2.人墙活动：每组学生以手搭建成一座手桥，第一名同学从上面通过，到达队伍最后再接回手桥，然后第二名同学从上面通过，依此类推，直到最后一名组员通过为结束，速度最快的组为赢。

"齐心协力"活动图

"人墙活动"活动图

（广州市第八十六中学 朱励君）

写给毕业季

——三行诗比赛系列活动

【活动目的】

盛夏的时光，阳光熠熠。教室里的写字声混着翻书声，以及轻微的呼吸声，一回首，发现三年时光竟是如此匆匆！"毕业"，这个曾经很遥远的词，转眼间只有一个月的距离。面对过去的三年时光，面对我们相伴三年的同学和老师，面对我们一起经过的点点滴滴，同学们心中有不舍，有难忘！那么，何不提起笔，让千言万语流淌成诗，一起为毕业季献词！

【活动准备】

1. 准备三行诗的相关格式要求，以及不同主题下的优秀作品。

2. 准备朗诵的要求和技巧，《朗读者》的相关视频。

3. 准备相关的主题班会，为活动开展做筹备。

【活动操作】

1. 活动的宣传

（1）向同学们介绍本次活动的目的，引起学生的兴趣，鼓励同学们积极参与。

（2）介绍活动主题——分"致青春"和"感念师恩"两大主题。

（3）介绍活动流程：

活动流程图

2. 开展主题班会

（1）向同学们介绍三行诗的相关格式要求，欣赏不同主题下的优秀作品，引导和鼓励同学们勇敢创作。

（2）向同学们介绍朗诵的要求和技巧，欣赏中央电视台节目《朗读者》，引导和鼓励同学们进行诗歌朗诵。

（3）收集同学们的稿件，整理后在微信公众号《成长风采》进行展示和投票。

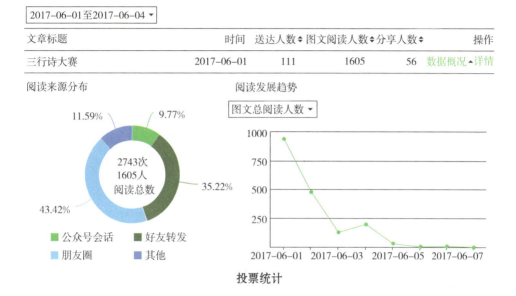

2017-06-01至2017-06-04 ▾

文章标题	时间	送达人数	图文阅读人数 ⬍	分享人数 ⬍	操作
三行诗大赛	2017-06-01	111	1605	56	数据概况 ▴ 详情

投票统计

（4）根据投票结果筛选优秀作品进行朗诵比赛，并邀请科任老师做评委，进行打分与点评；组织班干部进行主持与统计工作，并根据评委评分结果进行颁奖。

活动优秀奖

3. 总结

活动感悟分享与班主任总结。

（广州市黄埔区港湾中学　陈华晴）

读千古美文　做少年君子

——经典诵读特色活动

【活动目的】

经典古诗文是我国文学宝库里的一枝奇葩，源远流长。为了落实学校《班级特色文化建设方案》，深入开展"养成"教育，创建良好的校园文化，营造浓郁的读书氛围，开展"诗文经典诵读"活动，让学生阅读经典，亲近书籍，享受阅读的乐趣。培养学生良好的阅读习惯和阅读兴趣，使其开阔视野，增长知识，发展智力，活跃思维，陶冶情操，传承并弘扬中华优秀文化，传承中华美德，增强民族自信心和自豪感。读千古美文，做少年君子。

【活动准备】

（1）准备吟诵的经典书目《弟子规》《三字经》《千字文》《古诗80首》。

（2）精心设计有趣的活动形式，坚持小型多样，引领孩子们在玩中、在乐中诵读经典。

（3）灵活安排，确保诵读时间。由老师组织并指导学生诵读，帮助学生尽快进入学习状态。

（4）既重形式又重过程，面向全体学生，坚持全程参与，既求速度又求效果。

【活动操作】

（1）每学期吟诵一本经典。每日晨读5分钟、中午诵读10分钟形成常规，选一名学生做带读的小老师。

（2）开辟班级诗文园地，让"每周一诗"上墙。展示经典佳句，营造诵读的氛围，使学生走进经典，耳濡目染中华优秀传统文化，陶冶情操。

晨读

每周优秀诗

（3）设立经典诵读小争章活动，使经典诵读持久、有效地进行。

（4）每月举行一次诵读擂台赛，评选班级"诵读小达人""每月一星"，以此激发学生们的诵读热情。

（5）开展"古诗伴我行"的主题活动，鼓励学生利用好课余时间。

诵读小达人

优秀诵读者

（6）制作阅读手抄报，在课堂上要注意引导学生把自己对阅读的感悟表现出来，精心设计。同时，注意阅读卡的交流与传阅，以求共同提高。

（7）注重校内向校外延伸，充分发挥家长作用，督促学生诵读经典，激励学生利用节假日开展多种形式的读书活动，不断地激发学生的阅读兴趣。

（8）布置家庭作业可以加入诵读内容。

手抄报

（广州市黄埔区文冲小学　孔爱红）

学 农

【活动目的】

学农让学生有机会走出教室、走进社会，了解农业、了解改革开放后农业的发展。这种活动的主要特点在于学生动手"做"，在于手脑并用，在于亲身体验现实社会生活以获得直接经验。一改课堂教学中学生单向被动"接受"的模式，学生的感受真实，形成的政治思想观念稳固，是自主学习的好形式。农村社会实践活动给学生留下深刻的印象，许多同学说："学农在中学阶段留下的印象终生难忘。"实践证明，这是通过社会实践促进学生主体性发展的有效途径。

每年，学校都组织初一、初二年级的学生进行学农的社会实践活动，学生都乐在其中，收获满满。

【活动准备】

（1）外出活动，安全尤为重要，年级、班级在出发前要做好安全教育。

（2）参与农活，建议学生穿水鞋，做好防晒、防蚊虫的保护措施。

（3）野炊活动，要求学生做好明确分工，安全使用刀具，确保食物煮熟。

【活动操作】

（1）相关学农知识的普及。

（2）在田间地头劳作，播种、插秧、除草。

（3）戴上草帽，我们成为小农民。

田间劳作

（4）最受学生喜爱的环节是通过自己的劳动，赚取虚拟货币用于购买野炊的所有食物、配料、调料等，并自己动手生火、煮饭、做菜。

虚拟货币　　　　　　　　　　　　　　生火煮饭

（5）享受自己的胜利果实。

团队聚餐

（广州市第八十六中学　彭宇峰）

年级拓展活动

【活动目的】

为了促进学生身心健康和全面发展，为了让孩子们能尽快进入新学期的学习状态，校每年初二级都会在黄埔青少年军事训练基地进行为期4天的拓展活动，希望通过拓展活动培养孩子们坚强的意志、良好的生活和行为习惯，以及吃苦耐劳的精神，让孩子们在活动中不断进步与成长，为自己的青春留下精彩的一页，以崭新的精神面貌迎接新的学年、新的挑战！

【活动准备】

（1）严格把关，选择训练有素、正规的军事基地，同时要协商好整个流程和细节。

（2）安全无小事，一定要家校配合，共同做好学生的各项安全教育，如交通安全、运动与活动安全、纪律教育、文明礼貌教育等。凡有特殊体质或不适宜参加拓展活动的学生不参加活动。

（3）提前提醒参加者需自带的个人物品（一般基地只提供迷彩训练军服1套）。

【活动操作】

第一天：集队出发，学习内务，队列训练，开营仪式，学习条令。

第二天：队列训练，建立团队，团队展示，消防演练，战地救护，教军歌，观看军事电影等。

第三天：徒步拉练参观黄埔军校旧址纪念馆，进行拓展游戏：南水北调、不倒森林等，举办联欢晚会。

第四天：拓展游戏：鼓舞飞扬、呼吸的力量、动力圈等，整理内务准备回程。

体验、分享、快乐、收获活动图

（广州市黄埔区港湾中学　谢宝琴）

环环紧扣　家校共赢

——"三环紧扣"系列活动

【活动目的】

班级管理离不开班主任与学生，也离不开家长。只有班主任、学生、家长三环紧扣，才能达到学校与家庭共赢、教学与育人共赢的效果！通过"三环紧扣"系列活动，可以提高团队合作能力与动手能力，增强学生的学习动力，加强亲子间的交流，还能对学生进行正确的价值观的教育。

【活动准备】

（1）学生团队组建。
（2）家长委员会组建。

【活动操作】

1."三环紧扣"系列活动——学生与学生

国庆团队活动

每年国庆班主任都会给一个主题，让学生们去户外进行团队活动。活动的计划、组织、记录等全部由学生独立完成。最后由团队合作完成一份《团队活动报告》。

国庆团队活动图

2."三环紧扣"系列活动——班主任与学生

期末外出活动

每次学期期末，班主任都会带德育分和正负能量最高的小组一起外出活动。如请学生吃自助餐和唱歌，请学生制作芝士火锅和大食会，请学生看电影……

3."三环紧扣"系列活动——家长和学生

家长暑假晨读小组

学生放长假时的学习情况是最让科任老师担忧的。如果家长配合科任老师的工作，督促学生学习，会让学习效果事半功倍。家长群里卧虎藏龙，例如：有心有力的家长自愿担起假期晨读小组的领头羊，学生加入到晨读小组中来。特别是英语，中考由于要考口语，必须大声朗读，坚持不懈，才能收到好的效果。

晨读小组

4."三环紧扣"系列活动——班主任、家长和学生

班级毕业典礼

和学校的毕业典礼不同，班级的毕业典礼更有自己班的特色，符合自己班同学与家长的特点，如：增加走红地毯环节，增加签名墙环节等。活动全程由家长策划，学生动手，这样家长和学生的参与感更高。

（广州石化中学　叶园园）

集体生日

—— "集体生日" 特色活动

【活动目的】

小孩子最高兴的事莫过于过生日了，尤其是他们自己的生日，更是在两三个月前就开始数着日子，希望那一天快点到来。有些孩子甚至是今年的生日刚过完，就盼着明年的生日了。为此，在每年年初开学的第二周给孩子们过一次集体生日，让孩子们在感受快乐的同时，感受成长、感受友情。

【活动准备】

（1）准备2~3个生日蛋糕。

（2）准备糖果、牛奶或饮品，在活动前分发到每张桌子上。

（3）准备一本心形贴纸、一张感恩海报（用于贴感恩语）。

（4）将教室的桌椅分两排摆在左右两边及正对黑板的那面墙前。

（5）将学生分为8个小组，每个小组准备一个与生日或感恩有关的拿手的节目。

【活动操作】

（1）主持人上台宣布活动过程及程序。

（2）学生分组表演自己的拿手节目，下面的同学边吃东西，边观看表演，并做出评价。

（3）评出最佳节目2个，演员上台点蜡烛、带领全班同学唱生日歌，切分蛋糕。

（4）学生将自己的心情或感恩的话语写在心形纸上，大声地对全班同学读出来并贴到黑板前的感恩海报上。

（5）颁发生日礼物。

（6）主持人宣布生日会结束。

（广州市黄埔区荔园小学　张媚）

我为行道树挂身份证

【活动目的】

3月12日，植树节；3月22日，国际水日。借着节日契机，组织班级同学开展环保教育活动——我为行道树挂身份证。

【活动准备】

活动要求班级同学按照小组认领校园里任意一棵树，不能重复。小组合作分工制作行道树身份证。身份证怎么做呢？为了激发学生的主观能动性，保护学生的创造性，只规定写行道树的树名、英文名、生长习性等内容，其它由各小组去发挥。

【活动操作】

转眼间，两周过去，各个小组的行道树身份证都已经制作完毕。利用一节班会课的时间带孩子们到校园中开展行道树认种活动。活动要求每个小组派一名代表给全班同学讲解他们所查询到的资料，讲解完之后进行随机提问。

班级的同学大多比较安静沉默，通过这些活动创造更多的机会让他们当众演说。

我为行道树挂身份证

完成行道树认种活动后，回到班级，全班同学根据本次小组制作的作品进行投票，选出了"我最喜爱的行道树身份证"。

"我最喜爱的行道树身份证"评选

（广州石化中学 林洁霞）

信 仰

——说英雄赞英雄

【活动目的】

2017年3月份，《朗读者》作为综艺界的一股清流火了。该节目形式新颖，内容感人。每期节目选择一个主题词，邀请嘉宾根据该主题词说出自己的故事，讲完故事之后选择一篇文章朗读送给想送的人，朗读之前会穿插文学教授对文章的鉴赏评语。

4月份正值清明节到来之际，为了培养学生的英雄情怀，引导学生铭记历史，怀念和尊崇历史，以英雄的精神引领奋斗的脚步，初一（8）班模仿《朗读者》节目的形式开展了以"信仰"为主题的"说英雄赞英雄"主题活动。

【活动准备】

（1）推选一名同学作为活动主持人。

（2）班级的45名同学分为8个小组，并于4月1日前将组名、小组成员上报给主持人。

（3）每个小组的同学一起合作在清明假期搜索一位烈士或英雄的故事，并选择一篇文章献给烈士或英雄（文体不限，可以是诗歌、散文、记叙文等）。

【活动操作】

（1）播放烈士或英雄事迹视频，调动现场气氛。

（2）主持人介绍活动背景及活动流程，并给每名同学发一份评分表。

主持人宣布活动开始

（3）各小组展示，讲述一个英雄故事，并为英雄送上赞歌。其余同学担任评委，给展示的小组评分。

学生为英雄送赞歌

（4）语文老师对同学们的朗诵和表现做出指导与点评。

（5）评分委员会计算分数，评选出冠军、亚军、季军，最佳朗读者、最佳台风奖、最佳人气奖、最佳故事奖等奖项。

（6）主持人宣布获奖小组名单，嘉宾老师颁奖，各小组拍照留念

（广州石化中学　林洁霞）

最后一课

【活动目的】

作为一位教师，把自己最美的年华奉献给了自己心爱的教育事业，在他们退休时最不舍的是离开站了大半生的讲台，为让退休老师把教师生涯最后的光彩留在讲台上，也为了培养学生感恩之心，组织了《最后一课》的活动。

【活动准备】

（1）一束鲜花。

（2）全班一起制作一份跟退休老师学科相关的个性化小礼物。

（3）主持人熟悉台词。

（4）收集退休老师在上课时、与学生互动时、学生毕业时的照片和视频，制作一辑视频。

（5）由班长邀请校长、学校工会主席、学科和年级组其他老师参加。

【活动操作】

流程一：全班同学静静地聆听退休老师最后一节学科教学课。

流程二：欢送仪式。

（1）播放精心制作的视频。

（2）学生代表、校长、学科组老师分别回顾与退休老师相处的日子并表达敬意。

（3）退休老师发言。

（4）全班同学一起合唱《真的爱您》。

（5）在歌声中，由学生代表送上精心制作的礼物。

（6）在歌声中，在场的科组、年级老师、学生轮流跟退休老师拥抱。

（7）合照（可用这合照制作成相框拼图或瓷杯，赠予退休老师）。

【活动效果】

整个仪式既简单又不失隆重，既严肃又不失温情，课上学生大胆发言、用心聆听，送上一束束鲜花、一份份礼物、一句句暖心的告别语……不仅给退休老师一份美好的回忆，还在过程中培养了学生的感恩之心，更是一种动力！

欢送仪式

（广州石化中学　朱穗清）

手绘毕业纪念册

——在制作中回忆成长的快乐

【活动目的】

毕业班最后的一个学期，每周布置一个主题，以手抄报形式让学生做一次综合性学习，让他们在制作过程中回忆大家一起度过的美好时光，珍惜剩下的小学校园生活，回味同学之间的友好情谊。

【活动准备】

（1）利用"家长课程"展开铺垫工作，请授课家长教孩子怎样制作PPT。家长在班群相册里找出孩子们从一年级到六年级的一些经典照片，做成PPT以供展示，使学生感觉到时间像流水一样从身边悄悄地溜走，带走了许多美好的回忆。一张张精美的相片，记载着他们成长的历程。一翻开它们，一幕幕往事就像放电影一样在他们的脑海里盘旋。

（2）要求学生手绘一本毕业纪念册，在此过程中回味对母校、对老师、对同学的那份感情，让他们想象以下情景——十几二十年后，让我们带着这本纪念册来聚会；翻开纪念册，给你们的孩子讲述你的小学生活。听到这本纪念册这么有意义，孩子们的兴趣一下子被激发出来了。

（3）利用几节课，教他们怎样设计——包括在网上搜集边框、图案及怎样利用，给他们讲解如何将照片和内容整合得更好，以及怎样加入自己的元素拓展出更多的内容等。

【活动操作】

1. 设定主题

（1）难忘的集体生活。以班级合照为蓝本，抒发自己对六（4）班这个集体的感情。

（2）找到自己的生活照，回忆自己在小学阶段最开心的一件事。

（3）难忘师恩。手绘出你最喜欢的老师并述说你对他（她）的感恩（所有教过的老师都可以，孩子们除了写语数英老师外，还有写信息老师的、外教等）。

（4）同学友谊。手绘出你最好的朋友并讲讲你跟他（她）的友情。

（5）难忘的校园一景。

（6）给老师、给同学的一封信。

（7）建议信。可以是给校长提出对学校改进的建议，可以是给少总提出关于大队部开展活动的建议，可以是给教导处提出关于教学方面的建议，可以是给负责艺术的校长提出更多校园艺术建设方面提议。

（8）感恩父母。借着母亲节和父亲节，布置两个主题。并且在节日来临之际，把所写的这封信作为礼物给父母看。我鼓励他们正确面对两辈之间的代沟，在信里，不但要感恩父母的养育之恩，还可以把自己对父母的一些心里话写出来，主动与父母沟通。同时，我在班群里告诉家长这件事，让他们正视、重视这封信，给孩子们暖心的反应。

（9）对20年后的自己说的话。通过这次主题，让学生树立一个远期目标，并有意识地为这个目标而奋斗。

（10）设计一个目录、一张封面、一个书名，然后把所写的内容拿去印刷店装订成一本册子。

毕业手抄报

【活动效果】

通过活动，孩子们之间增进交流，更增进了他们的友谊，丰富了他们的情感体验，提高了实践能力的运用，实现了寓教育于活动，以活动促发展的目的。更有意义的是，在多年以后，孩子们手上能有那么一份资料可以让他们慢慢回味。

（广州市黄埔区文冲小学　蔡淑妍）

由寒暑假作业拓展的活动

【活动目的】

《中小学德育工作指南》里关于"家务劳动"提到，"让家长明确家庭对学生劳动习惯培养的重要性""教师应教育学生多参加家务劳动……养成劳动习惯，将劳动变为自觉的行为"。因此，从一年级的寒假开始，将这要求落实下去，根据学生的年龄段特点及区域性情况，设置了一些简单的家务劳动作业。

【活动准备】

搜集所要布置家务劳动的一些资料（如广东人过年的习俗），通知家长需要配合的地方，开展班级活动时提前做好后勤准备。

【活动操作】

（1）广东习俗有"年二八洗邋遢"即腊月二十八大扫除，要求家长让孩子一起对自己的家进行清扫布置。通过这项劳动，让孩子们知道这一习俗寄托着人们破旧立新的愿望和辞旧迎新的祈求。这个作业的延伸：是建议家长针对孩子的年龄和家庭情况，每天适当地布置一些家务让孩子做。让孩子养成自己的事情自己做，家里的事情帮着做的习惯，知道这样的行为其实也是孝顺父母的一种体现。

（2）广东人在过年时有"开油锅""蒸年糕"的习俗，这种风俗农村尤其重视。学校地处城乡接合部，俗称"城中村"，虽然现在村屋里的人们已经有很多拆迁后搬到了高楼里，但是这种习俗依然存在。因此，针对这项习俗布置的作业是让学生学做萝卜糕、蛋散、油角、煎堆的其中一样（外地的学生则是学做家乡的过年小吃），并且拍照展示自己的劳动成果。这个作业的延伸是过年时让家长带着孩子，准备好孩子亲手做的过年小吃送给长辈、亲戚朋友，让孩子们知道拜年是中国民间的传统习俗，是人们辞旧迎新、相互表达美好祝愿的一种方式。而亲朋好友对于孩子自己制作的成果，也会赞不绝口地给予鼓励，这样孩子既学习了传统文化，又因为别人的称赞而越发有动力去学做这些传统美食。

暑假布置的一项作业是"学做一个菜"，开学后进行"小厨神"大赛。据说孩子们的兴趣极高，在家长的指导下，洗切煮亲力亲为，并且吃饭时不约而同都比平时吃得多。开学后，选在中秋节前进行这个比赛，而且扩大成一场亲子活动，邀请所有家长出席。比赛开始前，引导孩子们发现原来是家长一直在支持和帮助他们，他们才能做出如此美味的食物，因此我们要学会感恩，向站在四周的家长鞠躬表示谢意。然后每人派发一张评比表，填写自己的姓名、菜名后压在自己的食物底下，再给每人（包括学生、家长、莅临的老师和校长）派发若干张小贴纸，觉得哪一样食物好吃，就贴一张小贴纸。孩子们在品尝美味时不忘为自己拉票，最高兴的是得到校长和老师的贴纸。最后公布结果时，可卖了个巧，跟科任老师唱双簧，说觉得美食都很好吃，个个都想给一个奖，问科任老师怎么办。科任老师说："每名同学都很棒，我觉得每名学生都应该有奖。"皆大欢喜，孩子们都得到了一顶"小厨神"的帽子作为奖励。最后做总结发言时可特意说："哇！同学们好棒！做出来的菜个个都比蔡老师做得好吃，你们是怎样做到的？吃货蔡老师还想再吃你们做的菜，那你们下一个假期还愿意学做一个新的菜式吗？"这样，为下一次假期的其中一项家务劳动埋下了伏笔。

"小厨神"大赛

【活动效果】

孩子们参加家务劳动，既能掌握一定的劳动技能，又能养成勤劳的习惯。在做家务时还可以很好地与家庭成员联络感情，逐渐产生家庭责任感，进而为以后的社会责任感打基础。

（广州市黄埔区文冲小学　蔡淑妍）

个人奖项申报

【活动目的】

即便是在特殊学校，学生的自我管理和目标管理也很重要。生而为人，较之动物最重要的区别就是目的性和计划性。为了培养学生的目的性和计划性，启智学校高年级每一学年都会举办班级内部的"个人奖项申报"活动。活动中，学生亲身参与每个环节，自己设定学年目标，设置标准，进行日常的监管，组织申报仪式，进行自评和他评，通过内力外力的共同作用，能动性地进行自我提升。在整个环节利用契约精神，通过团体动力的作用促进每一名学生的能力提升及品性的转变。

【活动准备】

准备好活动所需要的所有表单《个人奖项申报表》和《个人奖检核表》，准备与班级人数数量相等的奖状。

（1）与其他科任老师进行协商，协同教学。

（2）与班级老师及时沟通，做好学生个人奖项的支持与监督工作。

（3）创设正向积极的环境，建立正向支持系统，包括辅助工具和成人的协助等。

【活动操作】

（1）通过找工作写简历和教师自身参加个人奖项申报的示范（启智学校教职员工每年都要举行个人奖项申报活动），引发学生参与个人奖项申报的兴趣和动力。

（2）填写《个人奖项申报表》，拟定个人奖项名称及考核标准。个人奖项名称可以很具体，并且是老师希望学生改进的方面，如"开心女孩""美丽女孩""劳动小能手"等。考核标准要具体并具有可操作性，比如，劳动具体是指擦桌子。

（3）进行自我监督管理，每日登记《个人奖检核表》。通过每日的√、×选择，融入契约精神，并形成惯性促使目标的达成。

（4）组织个人奖项申请仪式，颁发奖状。这个环节是整个活动中最为精彩的环节，包括如下几个步骤：

第一，环境布置，准备物品。由学生布置环境，在电脑课上制作仪式所需要的PPT背景，美术课上自己制作奖状。

第二，学生主持，师生一起准备主持稿。整个仪式由能力较好的学生主持。由于学生能力不足，教师协助学生一起事先写好"主持稿"并模拟排练。

第三，学生互评，教师点评，颁发奖状。学生用简易的是否通过表进行互评，最后颁发自己制作的奖状。学生可用自己制作的奖状换取正式的奖状。

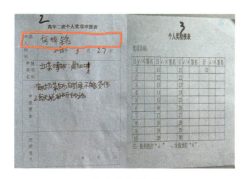

个人奖检核表

个人奖申请仪式

（广州市黄埔区启智学校　邹苹）

第三篇

创意应对技巧，给学生更暖感触

3

在班主任日常的教育管理中，我们总会遇到个性不同的学生和层出不穷的小事件，遭遇各种各样的问题。作为班主任，如果只是一味地按常规管理学生，大事小事都一律指责，动不动就批评，有时不但不能很好地处理问题，还容易激化师生之间的矛盾，甚至只能制造出一批什么都不在乎的"老油条"。

作为班主任，我们要敢于创新，运用创意应对技巧，更要善于把握每一次教育契机，讲究教育策略，给学生更暖的感触。

老师不妨打破常规，巧妙处理，用教育的智慧，让学生自觉接受教育，并促进其自我转化，达到事半功倍的效果。

双胞胎印章的故事

【情境再现】

开学初，为了鼓励学生认真完成作业，我专门去买了几个可爱的印章，给每名作业完成好的同学都盖上一个红花印章。但是过了几天，我突然发现放在盒子里的印章居然不见了。

【创意应对】

我想，一定是哪名学生觉得好玩拿走了。可又一想，或许是某名学生的表现达不到要求但也想得到老师的印章。丢了一个印章，不是最重要的，但因为我的麻痹大意纵容孩子走向不诚实的道路，我得留意了。我想拿了印章的学生肯定知道老师已经发现印章不见了，心里一定是忐忑不安的，如果这时我把事情扩大，可能达不到教育的效果。于是，我只是在班上轻描淡写地说了一句，我的红花印章不见了，算了，不印了……

第二天，我在给孩子们印五星时，无意间发现有个孩子在自己本上印了好几个红花。我的心一下子提了起来，但我不露声色地问他："这究竟是怎么回事？"他回答道："是我自己印的。"我笑着说："哇，你这印章怎么那么像我的那个呀？它们是双胞胎吧？可惜它的兄弟不见了。"他支支吾吾有点不好意思。第二天，在放学路上，我边走边和颜悦色地问他："今天，谁来接你呀？"他告诉我说是奶奶来接，他还告诉我，红花本子的印章是他拿的，并且承认了错误，保证下次再也不做这样的错事了。从这以后，这个孩子真的不再犯这样的错误，而且在其他方面的表现进步也很大。

【教育感悟】

看来，对待学生犯错，如果一味地去训斥，效果不一定好。给孩子留有思考的空间，在幽默中给他保留一点面子，让他认识到自己的错误，会得到意想不到的效果。细节，最能反映出一个人的修养。班主任在学生心目中的形象，不仅是无字之书，也是无言之教。作为与学生接触最多的人，班主任在平时与学生的交流中要注意说话的细节，让学生感觉到你的善解人意、亲切友好，把你当成知心朋友。现在的孩子，自我意识很强，如果一味居高临下地说教，反而会引起孩子们的反感，收不到教育的效果。

（广州市黄埔区文冲小学　孔爱红）

论有色眼镜的功效

【情境再现】

有段时间，我们班的女生受社会影响爱戴"美瞳"眼镜，而且有蔓延到全班女生的迹象。

【创意应对】

在班会上我对全班说："近期据男生们反映，女生们老爱'色眯眯'地看男生，使男生们特感害羞。"此时，所有的学生都把目光投在我身上，挠头不解。我接着说："男生们投诉某女生偏爱戴隐形有色眼镜来看他们，所以特气愤！我先解释何谓有色眼镜，是比喻看待人或事物所抱的成见。综上，隐形有色眼镜的特性可见：第一，女生戴隐形有色眼镜，在我们班男生不知情的情况下，把我们班25名男生，从青春活泼看成老态龙钟，少年看成老头，黑发看成白发，高看成矮，帅的看成丑的，好人看成坏人……唯一好的是肥的看成瘦的。所以，当敏敏戴着隐形有色眼镜无意在区董身边一站，区董就大为紧张，接着就大大地有意见！第二，女生戴隐形有色眼镜，问题就来了，男生反应女生都很'色'地看着他们，使得他们有点不自在！女生'色眯眯'的，让人觉得居心叵测！综上所述，女生戴隐形有色眼镜，会带来一连串的问题。"话还没说完，下面就哄堂大笑，戴"美瞳"的女孩子们都低下了头，悄悄地摘下了隐形有色眼镜。

与此同时，我把报纸上《戴美瞳的危害》的报道张贴出来，以后再没有发生此类问题了！

【教育感悟】

幽默，给人们带来的是欢笑，是放松，是教师与学生沟通的有效方式。世界上有人拒绝痛苦，有人拒绝忧伤，但绝不会有人拒绝笑声。在学校的教育工作，中恰当地使用幽默，可以使教育学生不再那么刻板，它所带来的是笑声，会化成一股生生不息的教育力量！

（广州石化中学　朱穗清）

找"亮点"

【情境再现】

一早回到班上，习惯性看向班级图书角，发觉有不妥，靠近一看，十分恼火，桌下有矿泉水瓶+吃剩的鸡骨头，是故意扔的！心中的火随即要爆发！

【创意应对】

岂有此理！正想拍桌子，揪出那个乱扔垃圾的孩子，无意间看见讲台上那堆宣传单，心生一计。于是将这堆宣传单折成一个个箭头排列起来，一直延伸到教室门外，并在终点处写上了"亮点"两字！

孩子们陆续背着书包回到班上，看到"亮点"两个字，不知班级发生了什么事情，好奇心十足地沿箭头走了过去，表情从兴奋到愤怒！"怎么有这样的人！""这是谁扔的，怎么会这样没素质！""就不能顺手就把垃圾扔到垃圾桶吗？"……随着一个个孩子走过，他们发出了各种不满的声音，我想教育效果达到了！

有些孩子想主动去清理，我制止了，让今天走过的每名同学都看一看、想一想、记一记。后来孩子们提议，给犯错误的同学一个机会，谁做的谁中午悄悄清理掉。极好的提议！下午回到班上，那堆垃圾不见了。我相信，以后他们再乱扔垃圾时，都会深刻地记得这个后果。

传单做的指向图

指向乱丢的垃圾

【教育感悟】

当学生犯错误的时候，我们往往"恨铁不成钢"，一味地批评训斥，以一种居高临下、粗暴武断的方式进行教育，甚至怒气冲天。其实，有很多时候，冲学生发火并不能解决实际问题，简单的训斥、批评或者进行苦口婆心的教导也未必奏效。有时候什么也不说，让孩子去体验，反而会起到更好的效果。

不怒而威，对待学生犯错的行为，不一定是大发雷霆，幽默点也会达到极致效果。

（广州石化中学　朱穗清）

"我抽烟，还吸毒"

【情境再现】

一天，阮同学在我上完课后，坐到我面前说："老师我抽烟，我还吸毒。"此时，我周围围了一群问我问题的学生。

【创意应对】

这名学生平时行为习惯就不太好，会躲着父母老师抽烟，时不时会闹出点事情来，脾气也不太好，曾顶撞过班里两个任课老师。所以，我火气就上来了！我想，这是明显的挑衅，故意让我难堪，让我在学生面前出丑，下不了台。我与他对视了几秒，他居然不回避，眼光有敌视的神色，周围的学生瞬间安静了下来，不敢出声，班里的气氛一下子变得沉默而紧张。看到这种情况，我马上冷静下来，如果这时我马上采取措施，弄不好会变成师生之间比较大的冲突，会让班级学生受到惊吓。我说："好，你很诚实，告诉了我一个很重要的信息。我认为这个事是真实的，现在我要报警，向警察说明情况。这个事情的态势已经不是我一个班主任或者学校能处理的了，你要如实说出你的毒品来源，何时何地与何人一起吸毒，警方会调查。现在，请你和我去年级办公室，我要打电话。"可能事情发展到这样出乎他的意料，他不肯走，我拉了一下他，他狠甩我的手。这时，我还是不动声色地说："你不走也可以，那我自己现在去打电话，那我还要加一条，不配合接受调查。你现在要走也可以，我一样会报警，再加一条，逃逸，你看怎么办吧，你想好告诉我。"等了有两分钟，他没有吭声，我拿起上课资料，离开了。回到办公室，果不其然，他在两个班干部的陪同下过来了，开始支支吾吾说话了，最后了解到他这样说的原因是两天前，他作业没做，我批评了他，并且就他的学习情况告诉了他父母，让他在家里受到了父母的责骂，所以他怀恨在心，故意这样说让我生气。他跟我顶撞了一下，发泄了不满，经过一番教育，我放他回去上课了。事后，借着此事，我对他进行了一系列的教育工作，取得了良好的教育效果。

【教育感悟】

作为班主任，遇到这种事情，忍不住要发火、动怒，然后开始"简单粗暴"、居高临下地批评教育，往往会和学生发生冲突，不会取得好的教育效果。所以，遇事不急于动怒，这是我们班主任必备的一种自我修炼。其次，要善于"借势"，借势打势，能取得意想不到的效果。

（广州市第八十六中学　彭宇峰）

篮球梦，启航的帆

【情境再现】

班上8名男生的成绩都在班上后10名之内，但特别喜欢篮球，每天一下课就去操场打球，课间操时间也不放过。年级要进行班际篮球比赛，几个男同学找我报名。

【创意应对】

我考虑了一下他们平时的表现，成绩在班上是后10名内，多位老师说他们上课注意力不集中、爱讲话、不完成作业；家长说他们长期周末借口锻炼身体在篮球场打球，不做作业、不干家务。我决定先与学校体育部协商，班级成立篮球队必须经班主任同意才可以组建。

几名学生找到我，我先同意他们的请求，但我要求他们选出有号召力的可以指挥大家的队长，并且满足我提出的条件，这样我不但会同意，还会帮助他们做好家长的工作，得到家长经济上的支持。

他们选了辉同学做组长，我又告诉他们篮球队代表班级，是优秀的小团队，我可以在成立篮球队申请上签名，试用期一周，有进步就报给学校。一个月内，克服不交作业的问题，上课讲话的现象要基本消除，每天都在进步，就承认篮球队代表班级参赛。

孩子们酷爱篮球，为了达到目的什么都愿意。我又悄悄联系各位家长，如果孩子们要求经济支持，要班主任同意才可以。

篮球队长特别负责，早上很早到，检查队员作业，提醒队员放学抄好作业登记才可以一起去打球。为了互相督促，每个队员准备本子让科任老师对每节课的表现进行评价。同学之间的互帮互助不仅改变了篮球队的每个成员，班级的整体课堂纪律和作业质量也改观很大。

【教育感悟】

借助孩子的兴趣爱好督促帮助他们养成良好行为是有效的教育的途径之一。

（广州市第一二三中学　张素寒）

我是戏精

【情境再现】

年级下发了手机管理协议，不允许学生将手机带进课堂。班会课上，每名同学都签名承诺保证遵守。第二天，我将同学们的签名承诺贴在宣传栏，并写了几句温馨提示。"同学们可都是签名确认了的，日后要合理使用手机，不要难为一直心疼你们的班主任的。"结果今天来到班上，看到一群同学围在宣传栏前哈哈大笑，我走过去一看，原来是我的温馨提示后面多了一句评论——"继续演吧，你是影后！"

【创意应对】

刚刚看到这句留言的时候，我觉得很生气，一方面自己确实是真心为同学们好，希望他们合理使用手机，现在得到的却是学生的误解，觉得很难过；另一方面，这宣传栏前每天人来人往，很多同学都看到这句留言了，不知道同学们如何看待我。想到这里，特别想要查出究竟谁做的。不过从字迹和同学们的神情中我也有所判断，应该是前两天因为课上玩手机被我狠狠批评的小文同学。

正想发火时候，我突然想起了"乱发脾气是最无能的表现"这句话，深呼吸默数1、2、3，控制住了自己。在平复情绪的时候，我突然灵机一动，拿出粉笔在评论后面写上"不不不，我是戏精"。这一写，又引得围观同学哈哈大笑，大家笑完各自回到自己的座位上，开始新一天愉快的求学之路。

下课后，我主动找到小文谈心，原来他确实是因为之前的事情对我心存怨恨才写下这话激我生气。他说，本以为老师会大发雷霆，结果没想到老师这么宽容，这让他更觉得对不起我。

【教育感悟】

比起怒气冲冲地质问，这种幽默的处理方式更能显出老师的大度与宽容。简单的一句自黑，既化解了自己的尴尬，又保持了师生关系的融洽。

（广州石化中学　林洁霞）

"绰号"惹的祸

【情境再现】

开学初的一天，班里的同学匆匆地跑进办公室告诉我："老师，打架啦！打架啦！"我急忙跑进了教室，小宇和小华同学死死扭打在一块，听见"老师来了！"才松手，被身边的同学拉开了。两名学生一见到我就开始大声地投诉对方，周围的同学都望着我，看我如何处置他们。

【创意应对】

我站在他们面前看了看，轻轻地拍了拍他们的肩膀，问道："打伤了吗？需要去校医室检查一下吗？"当确认两名学生没有问题后，让他们跟我进了办公室。这时，我没有急于批评他们，而是让他们分别想一想刚才事情发生的起因和经过（这是一个反思的过程）。小宇话多、调皮，喜欢捣乱，得了一个"贱宇"的外号；小华同学体型较胖，有些自卑，小宇给他起了个"华大胖"的外号。刚开始，两个孩子还是相互开玩笑，但说着说着，不知怎么就上了火，吵起来并动起手了。

当他们心情逐渐平复下来，语气平和时，我趁热打铁，让他们站在对方的角度换位思考，如果是自己遇到这种情况，他们会做出怎样的举动。很快，他们便承认自己不应该冲动地动手打架。接着，我和他们分析了给别人起"绰号"的利害关系。叫别人不雅的"绰号"是一种不尊重他人的行为，我们应该善于发现他人身上的优点，送给同学一个文雅、别致且能够被接纳的"绰号"，在我的引导下，孩子们切身体会地别人的内心感受，对不同性质的外号做出不同的判断与取舍。最后，我安排了一个"对不起"环节，两个孩子握手言和了。

之后，就起"绰号"这一问题，我专门在班级中召开了一节主题班会，让所有同学都学会如何正确处理起"绰号"的问题，班上也没再出现类似的矛盾了。

【教育感悟】

面对因"绰号"引起的矛盾，一味批评和简单地堵，只会让矛盾激化，而正确引导孩子切身体会别人的内心感受，对不同性质的绰号做出不同的判断与取舍，就容易被孩子们理解和接纳了。

（广州市黄埔区港湾中学　谢宝琴）

借 条

【情境再现】

学校发了参加意外保险的通知，让愿意购买的家长将钱交给孩子，学校再交给保险公司的工作人员，而今天是工作人员来收钱的日子。我组织学生有序地排队交钱签名，但是小怡同学却扭扭捏捏地在我面前晃，悄悄说："老师，我忘带钱了，您先借我50元好吗？"

这已经不是第一次了，小怡的消费欲望很强，好几次，把该交的费用自己吃吃喝喝，然后耍赖让家长补交。

【创意应对】

刚听到小怡同学的话，我就想按照以往的惯例，和家长联系，然后让家长把费用补过来。但是，一转身，我觉得这样不好，小怡不会改正这个毛病的。于是我把小怡带到办公室，打开钱包，很大方地说："小怡，要借钱是吗？没问题，要多少都可以。但是，你要写借条用你自己的零花钱还，并且没有还清钱的每一天，你要来办公室打扫卫生，用劳动抵利息哦！"

小怡犹豫了，说："老师，您和我爸爸说一声，让我爸爸把钱还给您，好吗？"

"小怡，这钱是你借还是你爸爸借呀？难道他没有给你买保险的钱吗？"

小怡有些委屈地说："爸爸给了，只是我今天出门，忍不住花了。老师，我还不起50元。"

"你花了多少呢？"

小怡掏了掏口袋，说："我现在只有38元了。"

"那我借你12元，你每天还我2元，也可以的呀。"

认真想了想的小怡，答应了，并且按照约定写下了借条。

之后，我和家长联系，解释我的目的，同时请家长配合。接下来的每天，小怡来找我还"债务"，放学后打扫办公室，也和我聊了很多，包括自己反省专款专用和积蓄的重要性。从此，在金钱的问题上，小怡没有再犯错，和家长的沟通也越来越好。

【教育感悟】

在学生成长的过程中，总会慢慢地受到物质的诱惑，意识到金钱的魅力，也总会有学生控制不了自己的消费欲望和对金钱的贪念，从而引发不当的行为。作为老师，应和学生商量解决问题的方法，让学生明白自己负责承担是他们成长的一次机会。

（广州市黄埔区港湾中学　陈华晴）

值日逃跑

【情境再现】

"老师，刘东又逃值日了，昨天他说他忘了，今天一放学他就跑了，他就是故意的！"这样的情况相信不少班主任都经历过：学生不爱值日，要么直接忘记，要么当众逃跑，要么敷衍了事。不管你说也好，罚也好，学生爱理不理，你越是罚，他越是逃，以至于班级的卫生情况愈来愈差。

【创意应对】

面对这样的学生，我也很头疼，经过一番思考后，我决定采用"值日分组承包制"。将每天的值日内容列出来，让学生自己分组，人数不超过6人；每天一个组承包当天的值日；值日时，由小组长组织组员进行值日并做监督，值日完毕后要签名；劳动委员、班长及学校的卫生评比员共同打分。值日完一轮后，对分数进行汇总，分数最少的两组要进行惩罚。

分组值日受到了大部分同学的欢迎，大部分同学很快组好了队伍并进行分工和推选小组长。但像刘东这样爱偷懒的同学就慌了，因为他们发现没有同学愿意和他们一组，即使玩得好的朋友都不愿和他们组队。经过他们的争取和保证后，终于勉强加入了值日小组，"值日分组承包制"就开始了。

【教育感悟】

对于中学生来说，同年级伙伴之间的约束力尤为有效。因此，当学生个人问题出现时，可以尝试借用同伴的力量来纠正，也许会有意想不到的效果！

（广州市黄埔区港湾中学　陈华晴）

为她，我进行了一场主题班会

【情境再现】

2011年9月，我新接手了高三（4）班这个文科的普通班。由于学习基础比较薄弱，高考迫在眉睫，班里很多学生对自己没有信心，备考气氛压抑。

开学不久，有个家长找到我，想了解她女儿何某在学校的表现。何某是班上女同学的典型，性格内向，学习成绩较差，我对她的定位就是大专层次。但家长反复跟我强调，她女儿其实小学、初中成绩都很好，在很多方面表现优异。比如，小学参加市级的游泳比赛，拿过奖；9岁多的时候去东北学滑雪，学得很快，滑得很不错，得到大家的称赞等。但到了高中以后成绩就下降了，希望我能帮帮她。

【创意应对】

家长走后，我不断地思考，这样的学生我该怎么帮他们呢？在父母眼中，他们是优秀的，眼下却面临困境。

一周以后，我的主题班会课"做最成功的自己"出炉了。在开场白中，我说："每个人，不管现在怎么样，都有他优秀的一面，都有他最擅长的地方，都有曾经让他最引以为傲的体验，今天就请大家利用这次班会课，给全班同学分享最成功的自己。"学生们没有准备，他们的表达并不生动，但他们所分享的经历，一定是深深地感动过他自己的。

"我练习跆拳道时，打倒过比我强大很多的对手。"

"我的作文得过全国二等奖。"

……

这一两句简单的陈述，却是他们最真实、最骄傲的自己！

最后，我总结道："我们都曾有过成功的体验，那一刻，我们感动了自己。今天，在我们备战高考的关键时刻，大家要有信心战胜我们所遇到的困难，在高考这场战役中，做最成功的自己！"

在之后的一段时间，班里的备考氛围发生了很大的转变，大部分同学充满自信，积极备考。

【教育感悟】

好的班主任，要为学生提供各种平台和机会，善于唤醒孩子心中那个积极、强大的自己！

（广州市第八十六中学　张科）

放手，敢让学生做

【情境再现】

在一次收取学习费用时，班主任把收费任务交给了一名学生。接到任务的学生拿着纸和笔，准备按座位顺序依次开始收费。

【创意应对】

班主任叫住了他："用'手表'收。"学生不解地问："老师，用'手表'怎么收啊？"班主任笑着说："别急，先站在一边，思考思考。"过了一会儿，学生说："老师，您真高明，我知道了，您是想让我组织一个'收费比赛'。"在班主任的点拨下，负责收费的学生组织了一次小组收费比赛，以学习小组为单位，委托每个小组的组长下去收费，收费快、过程不出差错的小组获得比赛的胜利（具体比赛细则在这里就不详述了）。这样一来，最快的小组只用了10分钟就把钱收齐了。小组长用写有姓名和钱数的白纸把钱包好，交给负责收费的学生。当负责收费的学生正要把纸包交给班主任时，班主任又启发他说："再想想，收费过程结束了吗？"在班主任再一次的点拨下，负责收费的学生监督、陪同各个小组的组长，一起把钱送到了会计室。经会计清点，证实各小组交上来的钱数准确无误，收费完毕，比赛也分出了"胜负"。一项看似简单甚至容易引发学生反感的收费工作，就这样在愉快的气氛中顺利完成了。

通过组织收费比赛，减少了负责收费同学不少的工作量，让自己的时间变得更加充裕，能做更多自己想做的事，也调动了学生参与班集体工作的积极性，培养了学生关注细节、不断寻找解决问题的办法的能力，激发了学生的创新精神，提高了学生的实践能力。

【教育感悟】

让学生做事，并不意味着教师可以"撒手不管"，学生想怎么做就怎么做。让学生做事，教师应承担起一种责任，一种为学生的道德发展和心灵成长提供帮助的责任。在让学生做事的过程中，教师要把工作的重点放在指导学生做事上，通过适时、恰当的指导，增强他们把事做好的信心，让他们敢于面对做事过程中的挫折。

（广州市第八十六中学　蔡丹）

小小课堂记录本

【情境再现】

有段时间，班里有些学生喜欢上课胡乱讲话、趴桌睡觉，这对积极向上班风的营造有着不利的影响。

【创意应对】

鉴于高中课时紧张，老师不可能紧盯班上几个违反课堂纪律的学生，而忽略大部分学生正常听课的需要。为此，我设计了"小小课堂记录本"，让经常在课堂上违反纪律的学生（数量不宜太多）人手准备一本，要求他们每节课课后请科任老师写评语及签名，累计一周之后给家长签名（在学生开展课堂纪律之前先与家长沟通，让家长理解和配合学校工作），下一周的周一我进行检查。若学生课堂纪律依然不佳，按照学生之前给我许下的承诺进行处罚；若学生在数周内课堂纪律有较大改善，则取消课堂记录。

需要记录课堂纪律的学生纪律有了较大改善，科任老师也大为赞赏这一举措，班级其余学生为了避免单独填写课堂纪律情况，违反纪律的情况也有所改善，所以该做法起到了"一石二鸟"的作用。

【教育感悟】

班级学生个性差异大，为了班级整体氛围的改善，适合针对实际情况采取不一样的教育方法。与此同时，施加教育的过程中要充分发挥家校合作的作用，只有形成合力才能有效落实班级各项教育措施。

（广州开发区外国语学校　游艳雯）

不能低估的影响力

【情境再现】

任何一所学校，每一个班都有那么一些"出众"的同学，他们不在乎家长的言语、老师的教诲，每天迟到依然，作业缺交照旧……让老师们头疼不已。

高二时我接手了这么一名"顽固"的小童同学，发现这名同学很聪明，但是"毛病"多，最突出的是作业问题，给面子迟交，不高兴不交。我找他谈话、讲道理、罚扫地、罚跑圈，找家长数十回，可是每次一出办公室门口，他的"毛病"又归位了，家长和老师的教导收效甚微。

有一天，我布置了一道简单的数学题作业，第二天缺交作业名单上就只有他，顿时一把火在我心中烧起，真想立刻停他的课，让他好好"回家思过"。

【创意应对】

经过十余次的"交战"，我对他也有了些了解，他自认为自己脸皮厚，不在乎老师的教导，也听不进家长的话。但是通过我平时对他的细心观察，我发现他挺在乎自己在同学中的形象，也很在乎同学对他的评价。我想既然谈话、惩罚无果，何不发挥一下班上其他同学的力量？

于是，在班会课上我对着全班同学把小童同学的情况说了一遍，并且说："如果你是班主任，你觉得是让小童继续影响班集体，还是让他'回家思过'呢？不论哪种，请写一句你最想对小童说的话送给他……"

课后，我还在办公室筛选对小童有正面影响的纸条时，门开了，他迫不及待地进来，问同学们写了什么给他。于是我把筛选出的十多条有教育意义的纸条递给了他，他一言不发，默默看完每一张纸条后说："老师，我以后知道怎么做了。"

自从那以后，小童同学确实改变了很多，学习也非常努力认真，最后考上了一所师范大学。

【教育感悟】

高中处在叛逆期的孩子，不爱听父母的，也不愿听从教师的，但是他们大部分很在乎同学对自己的看法，充分利用好不可低估的"其余"同学的力量，能够改变很大一部分同学，甚至让他们成为优秀的学生。

（广州石化中学　黄志君）

相信善良——手机的故事

【情境再现】

高中阶段，学校对手机严格管理，不允许学生带手机回校，一旦发现，停宿处理。还要求携带手机回校的学生周日晚修交于我统一保管，周末放学归还。但仍有很多学生偷偷带手机回校，屡禁不止。并且当你询问学生是否携带手机回校时，学生会一本正经地说没有带。

【创意应对】

以诚信为突破口，相信学生，相信善良。周日晚修结束前十分钟，我跟同学们分享了一个其他班主任的故事。

这个班级周末回校晚修时，该班主任让大家把手机上交，没有带手机的学生可以去讲台领一个本子作为奖励，结果有很多同学都表示没有带手机，而且还去领了本子。该班主任想，应该没有人带手机了吧。结果有一次在办公楼走廊上往操场上看，发现有好多同学都在低头玩手机，顿时觉得很失望。

我跟学生说，手机是小事，但如果你因为手机而把自己的诚信丢掉，那就是大事了，希望大家能坚持自己的原则，做人要有底线。我也相信你们说没带手机，那就是没带手机，我始终相信你们。最后，许多学生都自觉地把手机交上来了。我想，人总是有被信任的需求，也不会轻易辜负别人托付的信任，学生也是一样，相信他们的善良吧！

【教育感悟】

皮格马利翁效应告诉我们，对一个人传递积极的期望，就会使他进步得更快，发展得更好。教育，往往不是一蹴而就，需要耐心、细心的引导与教导，多多鼓励,多多发现他们身上的闪光点。正面看待,希望学生都是善良的人,都是有担当的人。

（广州科学城中学　　王岐阳）

青春萌动　巧妙应对

【情境再现】

周五下班回家的路上，远远看到班级学生小林和小邹手拉手走在前面，时不时还有亲密举动。开始我还不相信，跟了好久终于确定了这就是我班级成绩名列前茅的两个孩子。我要不要冲上去制止？我该不该马上打电话向家长及时告知？此刻我的内心无比纠结。

【创意应对】

班主任发现学生有早恋迹象，或经过认真观察确认学生是在早恋时，一般不要急于去处理，而是先要冷静地进行一番分析，根据该生的性格特点，考虑教育帮助的方案。这两个孩子都是平时表现突出的学生，领悟力高，自尊心强，如果粗暴制止，只会引来逆反。于是，我做了以下应对：

周一早上，我请女孩小林帮忙把我的教具带回办公室，为表感谢，我洗了一个李子给小林，小林咬了一口皱着眉头说："太酸了。"接着我又递给小林一个熟李子"尝尝这个，看看味道如何？"女生说："这个好吃，甜。"于是我追问："为什么同样是李子，味道却大不相同？"小林说："生李子还未成熟，所以不好吃，只有成熟的李子才好吃。"我觉得教育的契机来了，"其实，谈恋爱和吃李子是一样的道理，中学生还不成熟，此时若谈恋爱，就如同吃生李子一般，只能又苦又涩；成熟后再去品尝恋爱的滋味，才会香甜可口"。女生若有所悟地点点头。

第二天，我又找了男生小邹过来，我以朋友和"参谋"的身份，晓以利害，喻以事理，教会他承担责任的重要性，引导他寻找恋爱的积极方面，让他自己制定"解决"问题的办法，自己处理自己的问题。小邹答应我一定会处理好和小林的关系，不会做出任何越轨的行为，一定承担相应的责任。

事情到此告一段落，但是不要指望一次谈话就能解决所有问题，对于沉陷于恋爱中不能自拔的学生来讲，确实需要一个逐渐改变的过程。所以，后续在班级中开展了更多丰富的活动，引导孩子们正确与异性交往，转移孩子们的注意力。

【教育感悟】

对于青春期早恋问题，家长和老师如果粗暴应对，蛮横拆散，只会引发"禁果效应"，让学生更加沉迷，无法自拔。反之，换位思考，做学生的陪伴者、引路人，晓以利害，喻以事理，反而能取得意想不到的效果。

（广州石化中学　邹巧媚）

自圆其说

【情境再现】

第五周的班会课学校要求开展"远离毒品"宣传教育主题班会，本周班会课轮到学习委员小明主持。他们小组设计的主题班会内容丰富，播放完宣传视频后还有抢答环节，同学抢答后，小明还要耐心解释原因。坐在下面的我发现从第三题到第五题的答案都是错误的，可能制作PPT的同学打错了答案，但是小明同学按照自己的思路，娓娓道来，自信满满地讲完了所有的抢答题，学生对小明精彩的表现给予了热烈的掌声。最后由我来点评，我充分肯定了本节班会的精心设计，同时指出抢答题中存在的答案错漏的问题。随后有些同学开始将目光转向小明，窃窃私语，发出了嘲笑的声音，甚至有些同学直接说："小明，你误导我们，居心不良。"

【创意应对】

我用余光看了一下小明，他的脸上有一些窘态，为了使他从这种尴尬中解脱出来，我笑着说："小明很有做律师的潜质啊！虽然有几道题的标准答案有些出入，但是整道题讲下来逻辑清晰、线索明确，就像经验老到的律师一样，抽丝剥茧、层层推理；就像我们参加辩论赛一样，当拿到了一个反命题的时候，即使你本人不认可，但如何组织自己的语言、自圆其说，让对方无懈可击就是个人的能力了。不论是做题，还是与人交往，都需要这样的能力。此处，应该给小明报以热烈的掌声。"最终经过我的弥合，班会课秩序井然，学生情绪高涨，同时维护了小明的自尊，保护了他的成长。

【教育感悟】

优秀的教师，一定是最能够发现学生闪光点的。很多时候，老师不经意的一句肯定，可能就促进了学生长远的进步。

（广州石化中学　刘晓雨）

我很爱国

【情境再现】

国庆节前一周，我特意召开主题班会，与学生讨论我们应如何爱国。在多样素材的铺垫下，在我精心的引导下，同学们纷纷发表自己的观点。有的说："我们应该好好学习，毕业后报效祖国。"有的说："爱家也是爱国的一部分，我们在家里孝敬父母。"正当我得意于自己的巧妙设计之时，小军大声喊道："爱国跟我没关系，这个社会，赚钱最重要！"话音刚落，全班同学哄堂大笑，只剩下讲台上的我一脸愕然。

【创意应对】

这可是一个孩子价值观存在偏差的问题，也会对全班学生的价值导向造成影响，如果我不及时加以规劝引导，可能会造成严重后果。于是，我试着做了如下引导：

发现优点，正面引导。我肯定了小军的成熟与勇气，表扬他小小年纪知道承担自己在家庭中的责任。而小军听到我的表扬后，更加神气了。

借力引导，改变认知。表扬完小军后我抛给同学们一个问题思考讨论，赚钱与爱国矛盾吗？国家在为我们个人的发展中提供了什么？在讨论过程中，很多小组的同学都得出结论，钱不是坏东西，能养活自己并减轻爸妈的负担。相比于战乱年代，当今社会给我们提供了更好的平台、更优的政策来赚钱，而这一切还需要我们每一个公民的维护。所以，爱国是关系到我们每个人的重要大事。

班会课后，我又单独把小军叫到我办公室，问他，为什么现在就想赚钱？他面露难堪，说："我爸妈赚钱少，没有零花钱给我，我羡慕其他同学有好吃的。"了解小军的情况后，以后我有什么好吃的，都会偷偷把他叫到办公室，分享给他吃。

【教育感悟】

每名学生都是独立的个体，对待事情，都有自己的想法。班主任一定要具备同理心，学会换位思考，从学生的角度思考问题才能更好引领学生成长。

（广州石化中学　朱小彤）

"迷信"的规定

【情境再现】

开学初，年级就下发了高一卫生的级规，其中一项是要求学生不准在教室的垃圾铲里扔垃圾。班长随后便手写出一份漂亮的"此处不准扔垃圾"的温馨提示语，贴在垃圾铲的上方。规定出来的一个星期，垃圾铲里基本没有垃圾，可是从第二个星期开始，越来越多同学叫外卖到教室来吃，外卖的餐盒也随手扔在垃圾铲里。第三个星期还是如此。我感觉事态发展越来越严重，赶紧召开主题班会，与学生们讨论我们应该遵守班级卫生的规定。有同学提议，我们应该专门派一名学生盯着垃圾铲，看看是谁扔垃圾，把他们一个个揪出来再严惩。又有同学说，有些同学其实一点都不怕罚的，不就是多搞一下卫生嘛，他们还是会为了方便将垃圾扔在垃圾铲里的。顿时，讨论陷入了僵局，大家一时半会儿也想不到什么好办法来解决这个难题。

【创意应对】

我看同学们一时半会儿也拿不出方案，就给大家布置了一个班会作业：要求他们以小组的方式讨论解决问题的方案。第二天，每个小组的组长交给我一份解决方案。其中有一个小组提议到，我们是否可以改一下温馨提示的内容，让同学们一看到就不愿意扔垃圾。看到这一小组的提议，我马上联想到最近的朋友圈疯狂转发杨超越的事情，他们希望能像杨超越那样，心想事成。我又想到，每到期中或期末考试，同学们也会转发"转了就会拿高分"类似的信息。原来同学们也是会"迷信"的，于是我想，不如把提示语改为"扔垃圾，期中考，全挂科"。同学们看到这一标语后，都觉得好搞笑，说："老师，你好毒哦。"我也开玩笑地说："要小心哦，这个很灵的哦。"果真，接下来，同学们都不往那里扔垃圾了。事后，我私底下问了几个学生，为什么这个提示语那么有效果，他们告诉我："我们最在意考试了，每次看到这个提示语，扔垃圾都下不了手的，估计也是心理作用吧。"

【教育感悟】

首先，面对班级问题，我们要群策群力，学生往往会有不错的点子。其次，我们要了解学生，就要注意他们关注的事物。这样才能站在学生的角度思考问题。最后，什么样的语言对学生最有效，有时候道德和规定不能约束到学生，那就让我们"迷信"一把吧。

（广州石化中学　朱小彤）

第四篇

创意班级礼物，给学生更真感动

4

　　礼物的意义要比我们想象的大得多。礼物是一种语言，它是含蓄的，却令人终生难忘！礼物是一种信号，它是有生命的，会让人满心欢喜！礼物是一种记忆，它是温暖的，能成为时间流逝的见证！

　　班主任们绞尽脑汁，频频放大招，只为给学生一份感动与力量。

　　小小的礼物点起的是学生的心灯，照亮的是教育的未来。

招式一：含情脉脉型——片片叶子片片情

又是一年开学季，寒假总有点意犹未尽，却不得不返校，这是最伤心的一个时刻，对于离家回校的学生们来说，更多的是留恋家庭的温暖，怀念悠闲的时光。

春天伊始，一夜春雨，校园大叶榕落下一地金黄。灵机一动，开学之际就用这片片金黄和亲爱的同学们一起洗去积旧，留下时间的脉络，迎来新学期的新开始吧！

于是，我把开学的第一节班会课开在了实验室——亲手制作叶脉书签！同学们用自己拾来的叶子纷纷兴趣盎然地动起手来，很快每个同学都拿到自己亲手制作的叶脉书签。我宣布："这是我送给你们的开学礼物，希望你们可以像这落叶变成书签一样，立下新目标，开始新计划，重获新生！"同学们开心不已，不单单自己收藏，有些还在叶脉书签上附上祝福寄语的小纸条，说要送给自己的父母或是朋友，正是"叶叶皆含情，脉脉尽语怀"。

制作叶脉书签

（广州市第八十六中学　蔡丹）

小小礼物，暖暖的情

开学啦！开学啦！今天孩子们特别开心，因为孔老师又给同学们准备了充满温情的开学"特别礼物"。

甜甜的巧克力，祝福孩子们在新的一年继续团结、互助、友爱，快乐成长！

为鼓励孩子们多读书，读好书，我还为孩子们准备了许多可爱的书签，希望孩子们在书海里快乐学习，不负时光！我把外出学习时收集的枫叶做成了一张张小书签，还即兴写了一首小诗送给孩子们：

小小枫叶情

片片枫叶似彩霞，美好愿望书里藏；

沉静书香勤奋发，浓浓秋色暖暖情。

做好的小书签

老师送的小书签

小可爱你收到礼物后，想说什么呢？

新的学期，新的希望，新的起点，在这充满希望的季节里，孩子们看着老师送给的小礼物爱不释手，露出一张张甜甜的笑脸！

（广州市黄埔区文冲小学　孔爱红）

招式二：品牌诱惑型——名校标志永流传

我和北大、清华有个约会

高尔基说过："一个人追求的目标越高，他的潜力就发挥得越充分，才能增长得越快，对社会的贡献就越大！"

2016年，我有幸到北京的清华大学学习，并到北京大学参观。那是我第一次走进清华北大的校园。我真希望我的学生也能来北京看看这所历史悠久、文化底蕴丰厚的百年老校。于是，我给全班同学买了北京大学和清华大学的校徽，作为手信带回广州。在赠送校徽的同时，希望他们能为自己定下大学的目标，并为之而努力！结果学生们都很喜欢这个校徽，有的同学还天天别在衣服上。

虽然我只能陪伴这些孩子三年，但希望努力追求自己目标这个理念能像种子一样种到他们的心灵深处，并影响他们的一生！

北京大学、清华大学校徽

（广州石化中学　叶园园）

毕业季，青春不散场

还记得2014年3月，在我们年级百日誓师的那一天，我给班上的每个孩子都手写了一张卡片和一张武汉大学的纪念书签。至今为止，对于那天的情景我和孩子们还历历在目。孩子们接过我的卡片和书签都非常感动，大家都说："老师要写48张的卡片，每张都不一样的耶，那需要花多少时间呢……"

不管我们愿不愿意，时间都将快乐地跑过，毕业的钟声已经敲响，我们也终将分开！面对离别，作为相处了三年的"亲妈"，我将对自己的孩子有怎样的祝愿和期许？我觉得给孩子们一份代表心意的礼物对他们来说是很珍贵的。

送给孩子们的武汉大学书签

"那片笑声让我想起我的那些花儿……她们已经被风吹走散落在天涯……好在曾经拥有你们的春秋和冬夏……幸运的是我曾陪她们开放……"每当听到朴树的歌，我就忍不住回忆起与已毕业学生的点点滴滴。在毕业典礼上，我精心选择了孩子们三年来的照片和视频片段，让外面的刻录公司刻在光碟里，作为毕业礼物送给学生。一张小小的光碟里满满地都是学生和我的回忆，他们由当年青涩的小毛孩长大成为成熟的青少年。光碟里刻录的不仅是照片，还有那一段他们成长的美好经历。

　　或许在若干年后，他们再看到这些照片时能想起这三年来在学校学到的做人的道理。这些道理就像种子一样在他们心中生根发芽，变成参天大树！

（广州市第八十六中学　周健新）

招式三：温馨家庭型——我爱我家

我们创造自己的节日

大多数学生都喜欢过节，喜欢收礼物，所以我随时在办公室备着一些糖果、巧克力等。

例如，Halloween（万圣节前夜），我在课堂上给他们撒糖果雨；有时候，我们不需要因为是特殊的节日才送礼物，我们可以创造自己的节日。例如，我会让每名同学抽一个学号，学号上的这名同学是这一个星期的angel（天使），你要偷偷为他（她）做事，帮助他（她），照顾他（她），但又不能被发现或被猜到，最后为他（她）准备一份小礼物和一封信……学生在这样的活动中学会了关心他人，活动还可以增进同学间的感情，增进班级凝聚力。

为节日准备的神秘小礼物

（广州市第八十六中学　朱励君）

自制明信片寄祝福

一封家书、一封情书、一行留言，亲手撰写的文字让我们可以留存那一刻的美好情感，还可以在未来勾起人心间深深的回忆。我相信，明信片可以给人带去最纯粹的祝福，它能带给你一段充满未知的神秘旅程！

　　在新学年之初，我仔细挑选了一张我们班的大合照，这张照片记载着我们的美好青春、彰显出了我们团队的凝聚力，在那绿油油的草地上留下了我们奋斗的汗水和故事。我用这张充满回忆的照片作为明信片的背景，根据每位小姑娘的特点亲手为她们写下了美好的祝语和鼓励，希望她们在新学年里种下生活的希望和理想，在成长的道路上走得更远。

富有班级特色的明信片

（广州市黄埔职业技术学校　张文婷）

特别的爱给特别的你们

　　开学了，又看到了孩子们稚嫩的笑脸，听到他们甜甜地叫着"老师好"心里总是暖暖的。每年寒假过后开学的第一天，我总会给孩子们分发我们江苏盐城的特产——阜宁大糕，并告诉他们老师祝他们新的一年步步高升！今年也是如此。不过今年还多了一个品种：寒假期间去土耳其旅行，在盐湖看到了一包包彩色的糖果，立刻想起如果买些糖果回去，开学分给孩子们，他们一定很开心，于是在众多的品种中选择了一种看上去很美的糖果。开学时分完阜宁大糕以后又分发土耳其糖果，孩子们个个开心快乐！我还不失良机地告诉他们：

"这是老师对你们特别的爱！"新学期就在快乐、友爱的气氛中拉开了帷幕！

送给学生的阜宁大糕和土耳其糖果

（广州市黄埔区荔园小学　张媚）

招式四：加油鼓劲型——来，干了这碗鸡汤

站在命运的转折点上

3月，草长莺飞，空气里充满了春的气息。在这个万物复苏的日子，我的学生们也迎来了高三最后的冲刺。还有90天，他们就将参加2018年高考！在这个特殊时刻，我送给他们一份特殊的礼物——一次演讲"站在命运的转折点上"。

我给学生们讲机会："现在，历史性的机遇与挑战就在90天之后，为此我们要做好充足的准备。有'华人管理教育第一人'之称的余世维先生，有一段经典的关于机会的描述：'人的一生一般有7次机会。一般来说，第一次机会往往因为太年轻而不能抓住，最后一次机会往往因为太老而失去，其中又会因为各种原因而失去两三次机会。所以，人生的机会其实就那么两三次。这个机会，是指改变命运的大机会。'高考对于我们高三的同学而言，就是一次这样的大机会。"

我给学生们讲努力："我们必须一步一个脚印地去经历，就像古人所说的那样'天将降大任于斯人也'，说得直白一点就是，你只有非常努力，才能看起来毫不费力！你的努力，时间看得见！"

我给孩子们谈理想："学习的确比较辛苦，而远大的理想、具体的目标会为我们的学习提供不竭的动力。我们甚至希冀，我们有一天能指点江山，激扬文字，我们敢问苍茫大地，谁主沉浮？"

……

开学誓师活动

（广州市第八十六中学　张科）

执笔从文

3月9日男生节，发源于清华大学的传统校园特色节日，是广大清华学生的重要节日和美好回忆。为激励我们班的小男生们拼搏中考100天，给他们过个节的同时，为他们送上了专属的小礼物！

那送什么呢？吃货，第一时间就想着买吃的吧！蛋糕？苹果？……但为什么而送？不行！苦思冥想下，想到了一个词"投笔从戎"！

而今祖国迈大建设步伐，需要高素质人才，鼓励小男生们"执笔从文"，肩负责任很有必要！灵机一动，送笔！

再配以下一段文字：

男生节致我的小男生们：

蜀生狡猾，屡侵边境。弃笔从戎，身死寇场，茕魂莫返。百般凌辱的年代，投笔从戎，弃文就武，投身疆场，报国立功。

时光飞逝，祖国崛起，执笔从文，以笔为枪，施展抱负，为己负责，为国而歌！

男生节快乐！

送给小男生们的礼物

收到礼物的小男生

（广州石化中学　朱穗清）

陪伴是最长情的告白

送给学生的加油扣

都说"陪伴是最长情的告白"。我们学校只有初中，而任教物理的我，虽然是班主任，也只能陪伴孩子们短短两年。

去年6月，我带的第一届孩子就要中考了。感叹时光飞逝之余，我也在思考如何去陪伴他们，鼓励他们。我网购了40个加油扣，每一个都是专属定制的，上面刻着孩子们的名字缩写，刻着我对他们的祝福。每个孩子的加油扣都不一样，每个孩子的礼物都是独一无二的！我把加油扣送到孩子们手里，把祝福送给每个孩子，希望这些祝福能够陪伴他们进入考场，祝福他们中考顺利，更祝福他们未来的人生一切顺利！

（广州市黄埔区港湾中学　陈华晴）

小礼物激发大潜力

班级管理中，因为害怕不恰当的奖励会破坏学生学习的内驱力，我对"奖励"使用得很少，但在特殊的节点，我却会给每位同学准备小礼物。好的礼物，不在于贵重，而在于内涵，在于其中蕴含着你殷切的期待与美好的祝愿，更在于能够对学生日后的发展产生持续的正面影响。

新学期伊始是送礼物的好时机，每学期我都会给学生送上一个励志小本子。根据班级上学期存在的问题，围绕励志核心词在本子首页给每名同学书写一封信。封面刻着这些正能量词汇的本子网上有很多，老师可以根据自己的理念或者班级学情的不同自主制定和挑选。

励志小本子

重大考试前也是适合送礼物的节点。尤其到了中高考备考后期，当学生呈现出疲态时候，更应该充分调动学生的非智力因素。

我曾在期中考前给班级每名同学送上一瓶旺仔牛奶，并在牛奶盒下面附上一张爱心便利贴，每张便利贴上面都根据该学生的特点写上一句励志语。

送每位同学一瓶旺仔牛奶

去北京学习回来，给学生买了北京大学的纪念钥匙扣，鼓励学生脚踏实地，追求真理。

送学生的脚踏实地钥匙扣

也曾给学生送过岳麓书院的明信片，后面写上的励志语录。也曾给学生专门定制上上签，每名同学专属一条签，上面刻着"考神附体，金榜题名"。

金榜题名个性签

喜欢准备这些小礼物，给孩子们制造惊喜的时候，常常也给自己带来惊喜。

（广州石化中学　林洁霞）

考前的"幸运笔"

学生在高二、高三时，重要的考试比较多，所以每逢重大考试前，我总想给学生一些鼓励，让他们更有信心走进考场。语数英水平测试前，我提前买了

孔庙祈福幸运笔

一些特别的签字笔，笔上印有"孔庙祈福"。当然啦，就是希望给孩子们一些心理暗示，让他们在考场上自信满满，妙笔生花。然后，在考前的动员班会上，交代了考前注意事项后，我向同学们卖了个关子："这次考试，我觉得你们都能过3C！为什么呢？因为我这里有秘密武器——幸运笔！"第二天的考试，他们每个人都带上了我送的"幸运笔"，希望信心也能伴随他们通过一场场考试。

（广州开发区外国语学校　朱艳娜）

物轻寓意深

担任班主任以来，我发现无论学生的年龄多大，其实内心都有一份童真，都渴望被表扬、被关注、被鼓励，那么小小的礼物就在这过程中充当了非常重要的角色。

每当期中考、期末考等大型的考试过后，我就会叫班里的学生利用班费自行购买一些文具（笔、笔记本等）作为礼物，买来礼物以后，我会叫学生在本子上写上诸如"×××同学，被评为×××"等字眼，让学生在使用文具的过程中，回忆起当初小小的荣誉。除了奖励全班排名前十等常规项目，本班还会特意奖励"最佳进步奖""全勤奖"等带有德育的项目。通过设置若干奖励项目和颁发相应小礼物，让同学们在潜移默化中感受到遵守规矩、力争上游的意义。

笔记本

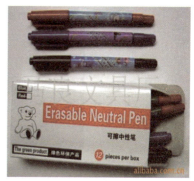

笔

除此以外，在高考前，我还特别购买了若干包棒棒糖，利用班会课亲手送给每一名学生，希望学生接过棒棒糖考试都"棒棒"。虽然礼物不贵重，但是每一名学生在考前之际收到来自班主任的祝福，都会信心满满地走进考场。

加油棒棒糖

（广州开发区外国语学校　游艳雯）

小小礼物，定心迎考

每名学生都希望考试发挥正常甚至超常，平时的努力在考试时得到很好发挥。2016年中考时，我给每名学生发了个红包，里面放了8元钱。要求家长准备红包封面，上面写上"考试成功"，红包里面的钱由班主任准备。希望孩子带着老师和家长的祝福，考试一定成功。

进考场前我会亲自给每名学生发红包，缓解孩子们紧张的情绪，让他们更加有信心。

迎考红包

（广州市第一二三中学　张素寒）

拼搏路上总有我

这些年我基本都留在初三，陪伴了一届又一届的孩子走完初中生涯的最后一站！在这个过程中，目睹孩子们各种动力不足、各种焦虑、各种徘徊……作为初三毕业班的班主任，心中十分明白这一年对于他们的一生来说有多重要。有句流行语，"熬得住，就出彩；熬不住，就出局！"我根据每年的班级及孩子的心愿备下一份份"考前鸡汤礼"，代表着一个个不同的心理暗示，让孩子们产生坚持下去、全力以赴的信心与勇气！

1. 幸运手绳

这些年我亲手为一个个孩子系上一根根祈福红绳，目送着他们走进中考的考场！

幸运手绳，为的是给考场上的孩子们更多信心，让孩子们知道他们的老朱、猪猪侠在陪伴他们经历这场大考！令我惊喜的是，每隔二年和三年后，孩子们告诉我，他们还戴着这根红绳参加高二水平测试、上高考考场，我觉得十分荣幸，能以这种方式去陪伴孩子们的成长！

幸运手绳

2. 棒棒糖的约定

孩子们要体育中考了，礼物既要有喻义，也要能为他们在考试中补充一定的能量，棒棒糖+金币巧克力就成了对孩子们的一种祝福！期望今天的孩子们都能成为棒棒的自己，带着双满的金牌满载而归，为接下来的文化课中考打下自信的基础。

棒棒的学生

3. 马到功成

2014届孩子们的一模考试，恰好也是马年的第一场考试，考前给他们备好了一匹匹小马，期待这匹小马陪伴他们走完初中生涯！没想到这万马奔腾、马到功成的喻义，在5班孩子心中留下了烙印，这一年的中考，他们神勇极了，一路披荆斩棘，一路勇往直前！

幸运的马到功成

4. 会的全中，蒙的也中

孩子们的二模！这届孩子最大的问题是，他们很紧张，但这紧张感不用在平时，而是用在了考试的时候。一到要考试了，各种的抱佛脚，过来人都知道，这么做是没用的，越抱越焦虑，越焦虑越紧张，越紧张就越容易忘记！估计此时最为传统的心理暗示模式对这班学生最为有用了，于是中国的传统麻将——红中，也派上用场了！

幸运红中扣

5. 扬帆起航

孩子们要上中考考场了，这一战后，孩子们也将开启他们人生另一段旅程，老朱的陪伴也将画上一个句号！但对于孩子们来说，未来还有无数次的考验。所以，为了让孩子们记下GG33的友谊、长存不言弃的人生态度，就为他们送出了最后一份礼物——GG33号！期待孩子们扬起自信的风帆，全力以赴，让GG33号陪伴自己驶向理想的未来！

给孩子们的加油信

6. 搏一搏，单车变摩托

2018届孩子们的体育中考！这些学生以惰性气体为多，只想靠别人的外力推拉，殊不知鸡蛋从外面打破就成了别人肚里的食物了！为了给他们更强大的马达，从认识他们的第一天开始，他们一直嚷的"搏一搏，单车变摩托"给了我灵感，就送摩托吧！私人定制的GG32个人专属版摩托诞生！只愿孩子们都能开足马力奔双满！

加油摩托

（广州石化中学　朱穗清）

招式五：智慧引导型——小礼物大鼓励

知识收获礼物

我每个假期都会外出旅游，而不少学生就会缠着我要手信，作为级长的我，也不可能保证全年级学生每人都有，于是我想到一个办法，就是有奖竞答。

2015年2月，我在俄罗斯旅游，每天晚上我都会至少发一个问题，让孩子们抢答，只有第一个答对的才有礼物哦！我的题目也是涵盖多个方面，有人文的、历史的、地理的、常识的……由于时差的关系，他们看到题目已经是早上，那段时间，我发现孩子们会为了抢礼物而早早起床，然后上网搜索，答对的同学关心是不是第一个，答错的同学会很遗憾然后追问我为什么，或者争辩一下。我旅游的一周，他们就跟着我学习了一周，看来这样的寒假作业对学习挺有促进意义的。

知识竞猜活动

（广州开发区外国语学校　张伟智）

三份礼物，开启新征程

一年级下学期第一次寒假结束，考虑到一些实际问题，开学之初我给孩子们送上了三份礼物。

第一份礼物——精心布置教室

开学前，我发动了一部分家长来教室进行了大扫除，然后为班级做了一番布置。既有过年的气氛，也有新学期的影子。当孩子们第一次进入教室时看到这样的布置，都很兴奋。我再告诉他们，这是家长和老师送给他们的礼物，希望他们在这么漂亮的教室里可以安心学习，快乐成长。

精心布置教室

第二份礼物——给学生一份浓浓的书香情

我在过年期间，上网采购了一套《新学堂歌》，这些歌曲不仅旋律清新优美、节奏明快、易学易唱，更抓住了古诗词的韵味和意境。在美妙的歌声中，现代的孩子们能更快乐地亲近、学习和传承我们祖先的经典，真切地感受中华传统文化之美。

第三份礼物——每人3个"星球杯"

"星球杯"一直是孩子们的至爱，平时他们是需要集齐10个印章才能换奖的。但是现在在开学的时间送给他们，我就是想告诉他们，其实学习也可以很"甜蜜"的。

得到"星球杯"的孩子

（广州市黄埔区文冲小学　蔡淑妍）

怡情书本香，浓情巧克力

作为老师，总是可以找到很多的方式表达我们对学生的爱。每一个新学期的开始，我会提前做一些准备，给孩子们送上惊喜。

怡情书本香

开学初，我会给孩子们赠送一些适合他们阅读的英语课外读物，大家轮流阅读。让孩子们喜欢读书，增加课外阅读，为他们打开另一扇窗。书籍是点亮孩子心灵的火种，我希望自己精心选择的书籍能变成这火种，让孩子们爱上阅读，心中充满光明！

课外阅读物

浓情巧克力

在实施小组合作学习之后，我对于表现特别优秀的小组会给予充分的肯定。我喜欢买一些巧克力作为礼物送给他们，代表对他们的最高奖励，勉励他们在学习的道路上不断前行。同时，在班级中树立榜样，也激励别的同学共同进步！

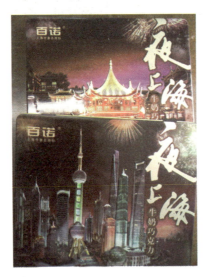

朱古力礼物

其实"教育细节"是一个词、一句话，一个手势、一个眼神，一个表情、一个小物品，都是"老师"手中的小礼物，都是让人眼前一亮的"点滴"，都能触动学生的心灵，实现真正育人的效果！

（广州市黄埔区港湾中学　谢宝琴）

浅浅的话语，深深的爱

　　小小的礼物，蕴含着老师的心意，也能给学生带来惊喜。每学期初，当我拿到学生的个人信息时，会把学生的生日按月份记录下来，给当天的寿星送上一张写有祝福语的明信片。"老师，你是怎么知道的？"学生美滋滋地说出这句话，那是师生间多么美好的一个瞬间。在学生生日这个特别的日子里，浅浅的一句话可以在他们心上留下深深的印记。

生日明信片

　　临近考试，老师的一句激励可以给孩子们带来力量。在繁重的考试压力下，学生对考试或许是抗拒的、抵触的，根据学生性格写下激励语句，在老师的正向鼓励下，学生对考试的态度也许会转变为将其看作一次挑战，而自己当下充满了能量，认为自己棒棒哒！

激励语句

（广州市黄埔区怡园小学　邓宝嫦）

第五篇

5

创意治班策略，给学生更大空间

　　班主任治班的对象是活生生的学生，因此班主任应该以人为本，班级管理的效能也应体现为人的发展。有创意的治班策略可以提高工作的成效，帮助班主任培养学生的良好习惯和思想品德，给学生更大空间。

　　优秀的班主任可以根据学生的不同情况，提供创意的思路和方向，并给学生提供正确的方法与支持，最终体现班主任的治班温情！

按需而"定"

《宋书·王弘传》说："凡动止施为，及书翰礼仪，后人皆依仿之，谓为'王太保家法'。"无规矩不成方圆，但条条框框式的班规只会令孩子生厌，达不到规范的效果，定了也是白定！有道是"强人之所不能，虽令不劝；禁人之所犯，虽罚必违"。这让我想起《西游记：三打白骨精》中的一幕：悟空担心在他离开去打妖怪的空当期间师傅的安全，他心生一计，在唐僧的周围画个圈，唐僧在圈内活动的范围是安全的，在圈外则是危险的。所以规矩不能少，但不能死，在规定的范围做安全的行为是允许的；同时规矩应是学生认可的、容易接受的，苦思几天，终于想到以下方法：

第一步，设计一节班规前置班会课，如《班规之美》。

第二步，让学生讨论班级出现的各种亟待解决的管理漏洞，如迟到、预备铃后还吵、下课打闹现象严重、乱丢垃圾等。

第三步，综合整理后，把各项问题列在黑板上，由学生一起提出解决方案，如课堂、自习课纪律如何保持及打分等。

第四步，最后，全班对各项问题达成共识，形成正式班规。

第五步，用学生喜欢的、"潮"的语言方式成文。

提出问题 → 罗列问题 → 筛选问题 → 提出解决方案 → 赋分 → 成文

附：

GG33生存法则（节选）

法则一：学习法则

早读前必须把作业交齐，过时视作缺交作业处理，中午留下"午餐"，由各科代表负责。

禁止以各种理由"偷窃""抢劫"其他队员的作业，并请做好知识产权的保护工作。

……

法则五：仪容、仪表规范法则

（1）校服上不得做任何有创造性改造及"锦上添花"。

（2）禁止留植物式（如葱头、蒜头）、动物式（刺猬头、鸡窝头、鹅头、鸡冠头）、阴森地狱式（贞子头、魔鬼头）、灾难式（爆炸头）、食物式（东北挂面）、劳动工具式（扫把头、地拖头、厕所刷）等发型。

（注：禁止发型会随潮流更新。）

（3）不准头上张冠结彩，脸上涂脂抹粉。

法则六：分享零食法则

上课吃零食的队员，课后要请全班同学一起分享，分享的数量随违反次数递增，见下表：

第1次违反	第2次违反	第3次违反	n次违反
1×38（份）=38	2×38（份）=78	3×38（份）=117	n×38（份）

〔注：① 上课吃什么零食，课后就和同学分享相同的零食。② n（违规次数）×38（班级人数）=准备食物份数。〕

法则七：卫生生存法则

（1）早读前还在努力清洁的团队，请帮助明天的团队扫地一天。

（2）保持班级清洁。一经发现团队管辖区域有垃圾，当天该团队接过值日棒替代当天的值日团队。

（3）值日团队不履行值日任务处理方法，见下表：

第1次	第2次	第3次	n次
1×5=5	2×5=10	3×5=15	n×5（天数）

〔注：① 5代表是一周值日5天。② n（违规次数）×5（天数）=要承担值日的天数。〕

法则八：球场财产管理法则

（1）不需要擅长在黑板、课桌、墙壁留真迹的书法家，违者按学校要求惩办。

（2）请拿着家里的存折再回来破坏公物。

班规形成之后，在班级公布，并让每名同学保留一份稿件，以形成共同的承诺。这个班约确实发挥了不可估量的作用！用课任老师说的话形容："要不是朱老师定的条条框框，这班家伙真难以驯服。"正如陶行知所说："学生自己所立共同之法，比学校里所立的更加近情，更加易行，而这种法律的力量也更加深入人心。"

（广州石化中学　朱穗清）

因人施"语"

世界上没有两片相同的叶子，班级的孩子也一样，若评语都能针对这"唯一"而因人施"语"，学生会因这与众不同的私人订制对你心悦诚服。

例一：

黄沙吹尽始见金，

海深天阔勤攀登，

岚光破崖春如煦。

清心求学好奋飞，

华年金色不虚度，

大展宏图榜名题，

学浪词锋压九州。

这是我写给面临初三中考，一名成绩优秀的女学生的，写评语时我刚好从清华大学学习归来，在我给孩子们介绍清华大学的点滴中，看得出他们十分向往，所以期末的评语就以此做素材激励其去拼搏。

例二：

×氏家族自强男儿，

文质彬彬冲天大志，

惊涛骇浪奋勇前行。

他日高中凯歌回旋，

必引得天下凤朝凰，

胜者何须急于今朝？

这是我写给一名好学上进但陷入爱情旋涡的学生的，既肯定了他的优点，也对他出现的问题给予指正。

例三：

不要瞧不起你手头上所做的每一件琐碎小事，把它们干漂亮了，才能成就将来的大事。不要去焦虑太远的明天，因为焦虑并不能解决任何问题，只会令现状变得更糟糕。你迷茫的原因往往只有一个：那就是在本该拼命努力的年纪，想得太多，做得太少……

在初三余下的160多天里，我想对你说：不因幸运而故步自封，不因厄运而一蹶不振。真正的强者，善于从顺境中找到阴影，从逆境中找到光亮，时时校准自我前进的目标。

这是我写给太过自信，有想拼搏的心，却没拼搏行动，期末考试失利的一名男学生的，以帮助他认识自己的问题所在，争取在初三最后一学期中克服。

写评语无定法，除求真、求异、求新外，注意求序。所谓求序就是每学期的前后承接，融会贯通，如前学期指出学生的问题，一学期后情况如何，可在第二学期的评语中体现。又如，初中六个学期的评语应根据年龄、心理特征、学习要求等有的放矢，切忌公文化、无特点的千篇一律的评语。

（广州石化中学　朱穗清）

班级日记

什么是母校？母校是你可以怨、可以骂，但不容许别人诋毁半句的地方。什么是家，家是你可以哭、可以笑，在累的时候休息的港湾，班级就是要成为这样的地方。高中三年，每个人就是一颗珍珠，"班级日记"就是一根线，一根把"珍珠"串起来的线。在多年的班级管理中，尝试过多种方法来进行班级管理，但在众多方法中，行之有效，同学们最乐于坚持的还是"班级日记"。

"班级日记"的具体做法如下：

第一步：分小组，小组内部按学号排序，确定每天书写"班级日记"的顺序。

第二步：学生轮流对每天的班级情况进行记录，内容主要涉及班级学生每天的学习、出勤、纪律、卫生等基本情况。

第三步：随着同学们相互的熟悉，应引导"班级日记"记录好人好事、自我评价、同学友谊、美好未来等方面，力求让学生学会做人、学会珍惜、共赴梦想，为班级营造良好的班风学风。

第四步：班主任必须坚持每天批阅"班级日记"并写下评语，只有班主任重视做好榜样，学生才能重视并每天坚持，在恰当的时候可在全班当面宣读，进行表扬。

"班级日记"就好比一本青春纪念册，记录着同学们生活的点点滴滴，同学们的欢笑，同学们的泪水，同学们的付出，同学们的收获，它见证着每一个人的成长。在"班级日记"这个平台上，不仅同学之间可以相互鼓励，班主任也可以参与到其中，为同学们打气、加油，再苦再难，我们一起走过。"班级日记"给了学生们一个记录高中学习、生活、同学真挚感情的平台，也把他们高中生活的美好记忆永远保存了下来。

（广州科学城中学　王岐阳）

互联网＋班主任

随着"互联网＋"时代的来临，信息的交流与获取，不仅途径多样，而且速度极快，信息量极大。我有效利用移动端对学生进行管理和传播正能量的事物，让学生使用互联网形成年轻人自己的舆论力量，真正做到以学生为主体。

一、腾讯QQ

（1）利用QQ群"公告"功能，及时发送最新通知，如考试要求、活动要求、活动比赛的时间地点等，迅速准确地将重要消息发送给每一名学生。

（2）利用QQ群的"投票"功能，为相关的活动做好准备工作。例如，运动会到来，通过"投票"功能，将同学们喜爱的班服样式与价格制成投票选项，让所有同学投票，最终选出大家心满意足的班服。利用"投票"功能，学生仅需动一动手指，就可以选出自己班服的码数，利用后台数据分析就完成了同学们的班服尺寸的采集，大大提高了班级管理效率。

（3）利用QQ群做好学生登记工作，及时记录学生情况。例如，特殊情况提前放学时，通过学生在QQ群接龙的方式，第一时间掌握学生到家情况。

（4）基于QQ平台建立师生交流平台，及时与学生谈话，做好思想工作等。

二、公众号

创建个人公众号，主要用于记录班级内学生的种种情况。例如，批改作业后编辑的《学生的优秀作业展示》，带领学生参加体育中考的《中考第一战》，学生参加口语考前的《英语口语中考注意事项》等，并将公众号的运营与班级活动相联系。例如，在母亲节来临之际，我给学生布置了一项特别的作业——献给妈妈的礼物，要求学生准备礼物并拍照记录。母亲节当天，收到了学生发过来的照片，有做饭的，有献花的，有画画的，有写书信的，有洗脚的等等。我将学生发来的"素材"整理编辑到公众号后，发文《亲爱的妈妈，节日快乐》，这个活动受到了家长们的一致认可，不少家长更是转发文章并直言感动。

在毕业之际，很多学生开始写留言本，在课堂上也因为毕业有些心不在焉。于是，我筹划了三行诗大赛，分毕业季和感念师恩两大主题。学生将毕业季感言写成了三行诗，纷纷投稿，不少平时成绩很差的孩子都有所感，下笔成诗。借助公众号，将学生投稿汇集成文，做了展示并组织了投票活动。文章一发，许多家长纷纷转发并拉票，文章阅读量一举破千。家长们纷纷表示，第一次见识到孩子们的文采，第一次感受到孩子们细腻的情感。甚至成了一次契机，一次增进学生和家长之间感情的契机。

时代改变了人们的生活和工作方式，改变了师生的关系，改变了班主任的身份角色，但改变不了的是"一切为了孩子"的根本中心。因此，利用时代带来的新科技、新思想，用新行动、新方法去处理新学生、新问题，是班主任成长的基础！

（广州市黄埔区港湾中学　陈华晴）

数字小故事　德育大平台

"老师讲得津津有味，我们都听得昏昏欲睡……"周一下班走在校道上，听到后面两名学生在吐槽今天的班会课。猛地惊醒，班主任经常会通过说教、批评的方式开展德育，自以为效果明显却收效甚微。

互联网时代，既然传统的教育手段已经不能够完全适应时代的需求，我们何不稍作改变，尝试着给德育换新颜呢？在信息化支撑下，老师要教给学生的东西完全可以通过学生喜闻乐见的形式，如数字故事或者微视频的形式展示，学生可能更容易静下心观看并从中得到教育启发。

这些德育资源的素材从哪里来呢？可以通过发生在同学周围的感人的亲子故事、师生故事，或者通过散文、哲理文摘获得，甚至是网上一些综艺节目等。例如，初一刚开学不久，班级同学对班级事务大多不关心，卫生、纪律等情况较差，于是我制作了一个数字故事《班级的有心人》，将班级中的各种卫生问题、纪律问题、作业问题随手拍照存档。数字故事引导班级的同学一起来找茬，找到班级卫生、纪律、作业中存在的种种问题，在班会课播放后反映很好，学生们找出照片中不符合卫生要求、不符合规范的点后触动都很大，在之后的班级生活中不断涌现出班级的有心人，经常给班级"找茬"，找问题，并帮助解决问题。例如，初三开学第一课，我利用暑假热播的电影《战狼2》背后的故事制作了一个数字故事《初三你好》，通过展示吴京用了10个月的时间赌上全部身家拿命拍出了一部好电影，引导学生思考初三一年这10个月里，应该如何规划时间，如何付出努力才能让青春无悔。通过学生感兴趣的故事人物引入，由彼及此引发思考，很多同学表示一定在初三这一年里向偶像学习，不负青春，不负梦想。

心在哪里，智慧就在哪里。只要心里时刻装着德育，翻朋友圈也好，浏览网页、看综艺节目也罢，处处都是德育的素材。而如何巧妙地运用，让学生潜移默化接受，就更显班主任的智慧了。

（广州石化中学　林洁霞）

中学生手机管理策略

　　我校是明令禁止学生带手机上学的，但这种简单化的禁止并不能从根本上解决问题。手机在校园里出现是新时代发展的必然趋势，班主任无权也无法阻止家长给小孩购买手机。因此，如何与时俱进地处理手机管理难题是我们需要不断思考和总结的，在此分享我的几点看法。

一、学校的角度

　　（1）中国对于手机进校园没有统一的规定，都是由学校根据生源特点执行相关的管理措施，在新生进入校园时，就应该向学生、家长明确强调关于合理使用手机的相关约定。明确合理使用手机的时间、地点及方式，同时与家长积极有效地沟通，取得家长的支持与配合。

　　（2）家长给孩子买手机很大一部分原因是家长在学生放学或是孩子住校期间，家里有特殊情况，有联系孩子的需求。为此，有条件的学校可以给每个班级配置无线座机，并向家长和学生明确使用班级座机的时间段。

二、家长的角度

　　当孩子提出买手机的强烈诉求时，家长可以把买手机的决定权交给孩子，让孩子自己承担责任。让孩子写下购买手机后准备如何正确使用，拥有手机后可能会出现哪些问题，孩子准备怎么避免出现这些问题。孩子在家长的引导下经过一番利弊的权衡，其实就是让孩子知道正确使用手机的过程，最后引导孩子保证，万一没有做到，父母可以收回手机，孩子对自己做的决定承担后果。

三、老师的角度

　　（1）事先约定建立君子协议。我们虽然无法禁止学生购买手机，但有权对它进行有效的管理。相信大家都看过学生因为被老师没收手机而自杀的报道。在我看来，其中有一部分原因是我们简单粗暴地没收学生的手机造成学生情绪激动。每年我都会事先和学生做这样的约定：若在课堂上使用手机做与学业无关的事情，或上课期间手机响干扰其他同学学习，就会被暂扣手机。

（2）提高学生合理使用手机的认识。手机并不是问题的根源，即便没有手机，学生依然会出现攀比、偷窃、上课注意力分散等问题，手机问题的关键在于学生怎么使用它，因此指导学生合理使用手机显得尤为重要。例如，在班会课上组织学生开展"中学生使用手机利弊谈"的辩论赛活动。

（3）与家长有效沟通，请求家长协助管理。在家长会期间引导家长阅读"如果想毁掉一个孩子，就给他一部手机"的报道，让家长清楚意识到，小孩长期接触电子产品会出现很多问题，如影响生长发育和身心健康，加深与父母的隔阂、盲目攀比，视力下降等。由此引起家长对手机管理的重视，引导家长给孩子制定一些合理的规矩。

（广州科学城中学　洪浩佳）

第六篇

6

创意方寸教育，给学生更多积淀

　　班级的墙壁文化是班级文化建设的主体，文化墙是思想教育的一部分，优美的班级环境有着"随风潜入夜，润物细无声"的作用，能够陶冶学生的情操。它是利用班级所有墙壁因素去陶冶和感染学生，是一幅有主题的画，是一首无声的诗，使学生在优美的班级墙壁中受到感染和熏陶，从而激发学生热爱学校，热爱班级。

　　走进每个年级，进入每个班级，悉心品味每个班主任的教育之路和点滴情怀，方寸教育就在教师对教室的文化墙的布置中。

雅美·班级

【班级"墙"文化理念】

在小学教育中，班级文化是一个很重要的角色，学生在学校的生活离不开班级，也离不开班级的文化建设。好的班级文化，可以很好地帮助学生度过学校的生活时光，它是班级的灵魂所在。整洁、明亮、温馨的教室环境可以陶冶情操，给人以启迪教育。我和孩子们精心布置教室，在无声处熏陶着孩子审美、爱美、追求美的品质。打造雅美的班级环境，动静相结合给孩子创造了自我施展的平台。因此，"雅美班级，用心积累，打造班级，润化童心"就成了我的带班理念。

【班级"墙"文化建设】

（1）红领巾活动角。墙报是展示学生才华的园地，给了学生充分展示自我的空间。美术作品、优秀手工、书法、综合实践活动照片展示，知识园地等，这是学生用自信浇灌的地方。"小小心愿"专栏，可以让学生随时把自己的心愿贴在墙上和大家分享，这里是童心感受到温暖最明显的地方，是心灵互相润泽的"小溪"，有的同学的心愿在同伴或老师的帮助下得以实现。

墙　报

红领巾活动角

（2）"小小充电站"。这是班上的图书角，每学期开学，我会组织和发动孩子们把假期买的新书带到学校，分类放入我们的小书库里进行图书分享，让每天阅读半小时成为孩子们的习惯。平常由两名图书管理员做好阅读登记，每月末进行一次读书分享会。创设浓浓的书香环境，滋养孩子们的心灵。

（3）"雅美约定"。班规是班级制度文化的一种体现，像一面镜子，让学生懂得在它面前反思自己的行为习惯。教室的绿化角伴随着学生的读书声、欢笑声，无限生机，欣欣向荣，不仅让教室平添几分"安静"，还不失"活力"，绿意与教室的干净、整洁相互辉映，透出希望。

学生在充满文化氛围的教室中学习

（广州市黄埔区文冲小学　孔爱红）

与书为邻　与书为伴

【班级"墙"文化理念】

阅读启迪智慧，智慧引领成长。

【班级"墙"文化建设】

1.励志墙报渲染读书氛围

墙报虽是方寸之地，但其德育作用不可小觑。尽管每期主题不同，但大方向一直不变，即注重引导学生热爱学习、热爱阅读，发挥墙报对学生潜移默化的教育作用。

2.书籍认领分享读书喜悦

每学期开始，精心设计与学生年龄段相符的阅读榜单，张贴在墙上供学生认领。学生根据自己喜好或者家里已有的藏书，认领相应书目带到班级，积少成多，一下子就为班级图书角筹集了45本书。通过共建共享的形式，满足学生一学期的阅读需求。

阅读榜单

3. 好书推荐交流读书感悟

每月末举办读书分享活动，学生制作"好书推荐"手抄报贴到学习园地以供其他同学学习交流，并鼓励学生撰写阅读感想，择优在班级传阅分享，提高学生阅读水平。

"好书推荐"手抄报

4. 以身作则引领读书风气

每周一在班级白板右上角写一段"班主任荐书"，并以身作则，坚持每天早读前30分钟到校，坐到讲台前安静读书，努力兑现与班级同学定下的"一岁一读"之约。让人惊喜的是，许多提早来到班级的同学也会安静地拿出书本，认真地进行阅读。于是，这短暂的30分钟成了我一天中最美的时光。

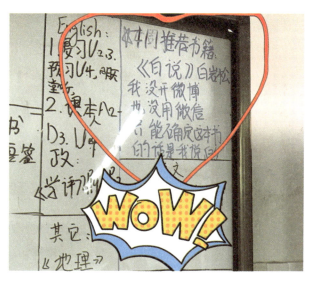

班主任推荐

（广州石化中学　林洁霞）

让"浪花"滋润每个角落

【班级"墙"文化理念】

每名学生犹如大海上的一朵"浪花",来自不同的海域,有着不一样的相貌,也有着自己独一无二的特性,感谢学校的"海纳百川"和班级的"博大包容",感谢奇妙的缘分,让我成为你们的班主任,让我们相聚。学生和老师相处时间最长的地方莫过于自己的班级,因此班级不仅是课堂,还是我们彼此停靠的港湾。既是传授知识的地方,还能够为我们遮风挡雨,给我们温暖的地方。我该如何让我的学生们在学习中感受到温馨呢?这是我一直思考的问题。因此,我决定动手结合学校的学习风格改变一下我们的班级,让学生们在长期枯燥的学习中也能感受到温馨。

【班级"墙"文化建设】

每个人都有自己的特点,不同的人组合在一起会产生不同的"波浪"。小组合作学习是我们学校的教学特点,让学生围聚而习,一个小组便是每一朵小小浪花融合而成的一片汹涌的"波涛"。因此,我让每个小组设计一个属于自己这片"波涛"的海洋文化组牌,展示在我们的教室中,发现不一样的海上风景,展现出"海洋世界"的多姿多彩与奇妙。

"海浪"不能随意拍打,大家一起传递有利的作用,我们一起打造了一份约定,让我们的力量完美释放。

组 牌

再小的浪花也有自己的方向与目标，每一朵浪花的落点都应该让大家知晓。即便浪花融合了，在那个原先彼此说好的落点依旧能够遇见对方，"浪淘树"便成为我们在茫茫大海中寻找彼此的一幅地图，落在了我们教室的后方。

"海浪"的每一次拍打都是最有力、最动人的时刻，相片留住了他们的形成过程，荣誉是对他们的认可，记录下每一朵"浪花"的成功时刻，每每看到这些，都会令人回想起那雄伟壮观的景象。

"海浪"的拍打需要能量，以及舒适的环境，绿色的图书角是"浪花"自我增值、获取片刻放松、汲取能量的地方；"浪花"点缀的作品是他们的自我认可，让能力强的"浪花"带动和帮助其余力量微弱的"浪花"一起前进。

人都是需要激励的，不要吝啬自己的鼓励，要用最有力的"推动剂"来激发孩子们。班级中每一条为他们而设的标语都是最有力的"推动剂"，我们一起进发向前。

班级标语

俗话说："环境造就人。""浪花"独特的魅力、点点的力量，离不开"海浪"文化氛围的渲染，好的学习环境能使师生心情愉快，能激励学生不断进取，主动、健康地成长。"海浪"既容纳"浪花"，也赋予了"浪花"不一样的色彩，让每一朵"浪花"用自己的特点和能力来推动我们这个班级，共同营造优秀、舒适的学习环境。

（广州市第八十六中学　蔡丹）

让主动学习成为你我的心声

【班级"墙"文化理念】

为了增加班级凝聚力，每一个新组建的班集体，首先都要在班风、学风上多下功夫。只有营造积极向上的班级氛围、主动学习的学风氛围，班主任才能在以后的时间更好地开展管理工作。而班风、学风的建设，少不了利用班级的每一堵墙，对白刷刷的墙壁进行精美且带有目的性的设计，让学生感受到班级的温暖，明确学习这一首要任务，也能增强班级凝聚力。

【班级"墙"文化建设】

1. 构筑学习园地

如果说前方白板是教师上课的主阵地，那么后方墙恰是张贴课外新知的主战场。为了营造浓厚的学习氛围，让学生感受学无止境的道理，我叫宣传委员在教室后方展示各科课外新知，使学生在课下时间可以开阔自身视野。我平常以小组管理的模式开展工作，所以会对各个小组实施奖励与处罚措施。为了让学生对本小组的加、扣分情况做到一目了然，在学习园地里我还会设计一份"班级龙虎榜"，对各个学生的加、扣分情况公开展示。

班级龙虎榜

2. 美化图书角

我校每个班级都会配备一个书柜，学生可以把喜欢的课外书列入柜里。为了使图书角实现它的真正意义，而不是为了应付学校布置的任务，我班专门选出一名图书管理员，发动学生的力量，让学生带领学生投入读书的海洋。在图书角的布置上，我班还会用班费购买若干盆栽，把其放在书柜上方，做到舒心阅读与宁静逸美的高度融合。

3. 修饰荣誉角

很多班级都会把所获奖状张贴于教室前方，以增强集体荣誉感。但并不是所有班级都会注重荣誉角的建设，我认为，对班级荣誉角稍作修饰，才能更好凸显奖状对于班级进步的深刻用意。所以，我会布置宣传委员做好修饰荣誉角的相应工作，让学生一坐在教室里面，就能看到显眼的奖状，也能感受到荣誉背后的付出，为他们今后通过自身努力为班级争光奠定基础。

（广州开发区外国语学校　游艳雯）

希 望

【年级"墙"文化理念】

每次带高一的时候，我都把年级精神定位为"希望"，意思就是要通过一年的努力，帮助学生适应高中学习，打造出一支有活力的、精神面貌良好的、充满希望的队伍。我和各位班主任一起，收集学生平时的点点滴滴，以图片为主，展现我们年级的活力，激励孩子们努力积极向上。"希望"是我们高一整个学年的主题。

【年级"墙"文化建设】

近几年，我们学校高中部都会在正式开学前进行学生军训，我就和各位班主任一起，收集学生军训期间的各种视频，还有训练、紧急疏散演练、整理宿舍内务及会操时的相片，表彰集体和个人，让孩子们重温那刻苦训练的一个星期，继续发扬艰苦奋斗的精神，积极投身到学习当中。

我还会让毕业的学生给学弟学妹们留言，然后选择一些有代表性的展示出来，给新一届的学生以鼓励。

梦想从这里起航

到第二个学期，素材会增多，我就会把第一学期的点点滴滴一一展现。

展现我们美丽的校园环境，让他们喜欢自己的学校。

展现他们认真上课的样子，让他们喜欢自己的老师。

展现他们班级文化的图片，让他们喜欢自己的班级。

展现他们积极运动的照片，让他们喜欢努力的自己。

立德树人，全面发展

（广州开发区外国语学校　张伟智）

港湾引航

【年级"墙"文化理念】

　　"墙上文化"是校园文化建设一道最亮丽的风景，能带给师生们一份好心情。不管我们走到哪里，目光都会不期然地被墙面上的图案所吸引，心弦总会在不经意间被墙面上的文字轻轻地拨动。因此，我主动收集孩子们的校园生活点滴，为他们的成长留下一些印记，为孩子们的人生引航！

【年级"墙"文化建设】

1. 拓展活动墙

　　每学年开学初的拓展活动总是让孩子们不断进步与成长，在体验中分享，在快乐中收获！

拓展活动墙

2. 优秀学生墙

学生经验介绍总是可以给大家起到榜样和激励的作用。

优秀学生墙

优秀学生分享学习心得

3. 学科作品墙

这里，"手抄报""美术画廊""书写作品"就是孩子们施展才华的小天地，更是他们展示成果的舞台。

学科展示栏

（广州市黄埔区港湾中学　谢宝琴）

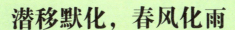

潜移默化，春风化雨

【班级"墙"文化理念】

班级的精神是班级文化的核心和灵魂，是校园文化建设的重要组成部分，是凝聚班级力量的精神支柱，是促进学生全面发展不可缺少的重要组成部分。班级文化是一种无形的教育课程，一个班级的文化环境对于学生的熏陶是潜移默化的。我希望在班级文化建设活动中塑造、锻炼学生，因此"潜移默化，春风化雨"成了我的带班理念。

【班级"墙"文化建设】

1. 班训班规

班训班规必须有针对性，切合班级、学校的实际，这样才能真正发挥作用。同时，要有操作性，必须内容简明、条理清晰、易于操作。内容简明、易对照，才能有效约束班级成员。

2. 书香班级、书香少年

营造书香班级首先要营造浓厚的书香环境，开设"格言栏""成语苑""诗歌园"，引导学生阅读、理解，拓宽知识面；背诵名人名言，学习名人的读书方法，感受名人刻苦读书的精神。"学生园地"上有关于读书的知识及学生制作的读书小报等，随外营造出一种让学生一进教室就想起读书的氛围。

格言栏

3. 自由角

教室内除了上述地方，剩下的部分由各组自由发挥，自主创造形式和内容。

自由角

（广州市第八十六中学　朱励君）

第七篇

创意主题班会，给学生更深感悟

7

优秀的班主任各有不同，他们或谦逊，或睿智，或兢兢业业，或爱生如子。但他们的行为很相似，他们不会在班会课上声嘶力竭的地教；也不会怒发冲冠，对学生大吼；更不会拍案而起，威胁学生。在纷繁琐碎的班主任工作中，他们善于洞察班级管理问题的关键，关注教育的细节，他们润物于无声，防患于未然。因为他们手握班级管理之"重器"——创意主题班会。这让学生有更深的领悟。

朱穗清老师引领的班主任团队，倡导相信学生、教育学生、发展学生的理念，融入"团队制"的班级管理模式中，打磨出许多别具创意的主题班会。

自主思考　远离抄袭

——高一（5）班主题班会

【设计意图】

随着高中学习压力越来越大，学习任务越来越重，学生作业完成质量下滑严重，最明显的表现就是作业抄袭现象普遍。在最近几次批改作业中，发现很多时候一个小组的作业一模一样，一个班级所有住宿生的作业一模一样。

【教学目的】

让学生认识到写作业的目的和抄袭作业的危害，并一起分析抄袭作业的原因，找到解决问题的方法。在以后的学习生活中，能够独立完成作业，远离抄袭。

【教学重点】

通过活动设计让学生认识到抄袭作业的危害。

【教学难点】

在以后的学习生活中，能够独立完成作业，远离抄袭。

【教学形式】

活动体验式。

【教学时间】

40分钟。

【教学年级】

高一年级。

【教学准备】

（1）制作调查问卷，让学生参与完成《独立完成作业情况调查表》，初步了解同学们抄袭作业的程度、抄袭作业的原因，以及自己对抄袭作业的认识。

（2）选定主持人，共同策划整个班会活动。

（3）选定班会课发言人，请发言人写好发言稿，并检查修改。

（4）根据班会课内容，为每个小组分配任务。第一组，搜集抄袭作业的作业本，拍照备用；第二组，统计调查问卷；第三组，采访老师，了解老师布置作业的目的；第四组，搜集抄袭作业的危害，上课时展示。

【教学过程】

活动阶段	活动内容	设计意图
（一）展示问题	（1）主持人开场白，并向大家展示抄袭作业的图片（初步设定：和答案一模一样的作业、几份一模一样的作业，还有手机展示全班微信群中传答案的现象）。 （2）展示调查问卷结果	引出班级中出现的不良现象——作业抄袭
（二）分析问题	1.布置作业的目的 我们每天都要做作业，可能有些同学觉得很苦很累，那么大家知道老师为什么布置作业吗？是不是真的只是想让我们痛苦、难过呢？ 展示采访老师的视频，讲解老师布置作业的目的。 2.抄作业的危害 老师给我们布置作业，也是用心良苦。那么，如果我们只是抄写一份答案上去，会有什么危害呢？ 学生发言或者小情景剧展示。示例： （1）抄作业是不诚信的行为，既欺骗老师，又欺骗自己，是不尊重老师、不尊重自己的表现。 （2）不能养成独立思考、独立做事的习惯。	通过各种活动，让同学们认识到写作业的目的，以及抄袭作业的危害

续 表

活动阶段	活动内容	设计意图
（二）分析问题	（3）抄作业时会不经思考就把答案写上去，这样就失去了做这道题的方法和经验，以后遇到同样的题也像见到陌生人一样，久而久之，脑袋就像生了锈，不灵活，看到什么题都觉得陌生了。 （4）所学的知识掌握不了，导致成绩直线下降。 （5）抄作业也会影响个人的发挥情况，使自己的意识由主动变为被动，从而导致对抄袭作业有一种依赖性。 （6）让自己形成惰性，滋生蔓延不劳而获的思想。 …… 3. 国内外的相似案例 抄袭作业，在国外是一种很不诚信的行为，很多情况下，抄袭者最终会付出沉重的代价。请看下面一个案例： 还记得河南一位美女教师辞职引发社会对教师群体的关注吗？而后又爆出其前往成都，选择与心爱的人在一起，大家开始对教师生活状况纷纷发表自己的看法。然而，这件事如果发生在美国是个什么样的情景呢？ 美国堪萨斯城郊发生了一件事，在全美国引起了轩然大波。事情起源于一位美国女教师因学生缺乏诚信，愤然辞职，从而导致了一连串的社会反应。 当时，在这位女教师所任教的高中，有一批高二的学生被要求完成一项生物课作业，而她班里有28名学生从互联网上抄袭了一些现成的材料。本来批评一下学生，教育他们今后别犯这样的错误，就能大事化小，小事化无，而女教师偏偏固执地认为，这些学生素质低下，才导致他们去剽窃他人的劳动成果。因此，这位女教师不但将这28名学生的生物课成绩判为零分，并且还警告他们将要面临留级的危险。 学生们的试卷被判为零分后，引起了家长们的抱怨和反对，他们大动肝火，纷纷向学校施压，要求女教师重新评判这28名学生的生物课成绩。学校领导不堪重压，只得将矛头对准女教师，迫令她屈从。然而这位女教师对于校方和家长们的要求严词拒绝，结果执拗不过，只得愤然辞职。 令校长始料不及的是，这位女教师的辞职，成了全市市民关注的焦点，引起了全社会的广泛关注。面对巨大的社会反响，校方不得不在学校体育馆举行公开会议，听取各方面的意见。结果，绝大多数的与会者都支持女教师，学校领导见形势对己方不利，只	通过各种活动，让同学们认识到写作业的目的，以及抄袭作业的危害

续 表

活动阶段	活动内容	设计意图
（二）分析问题	得征求老师们的意见，结果该校近半数的老师表示，如果学校降格满足了少数家长修改成绩的要求，他们也将辞职。他们认为：教育学生成为一名诚实的公民，远比通过一门生物课程更重要。于是，经过一番讨论和争辩，家长们只得让步，同意了对孩子们的留级"处分"。 后来，这位女教师的辞职，引起了接二连三的社会反应。她本人每天都能接到十几个聘请她去工作的电话，一些公司甚至给学校发传真，向学校索要作弊学生的名单，以确保他们的公司今后永不录用这些不诚实的学生。 某高校负责招生的老师在一次招生入学考试中，见到报考的考生中有位与作弊的学生同校的女生，语重心长地对她说："不要搞欺骗啊！"一位同作弊学生的家长住在一起的女士，对电视台的记者忧心忡忡地说："我非常担心从我们这个社区出去的人，是否会被贴上不诚实的标签。"一位美国商人在一次演讲中，借题发挥道："一个人可以失去财富，失去职业，失去机会，但万万不可失去信誉。一个不信守信誉的人，在这个社会上常常举步维艰。" 我们无法取笑美国人的小题大做。倘若一个人失去了诚信，他就会变得尔虞我诈；一个企业要是失去了诚信，就会生产出假冒伪劣的商品；一个社会要是缺失了诚信，就会到处充斥着奸诈欺骗的小人	通过各种活动，让同学们认识到写作业的目的，以及抄袭作业的危害
（三）解决问题	（1）分析总结不能独立完成作业、走向抄袭的原因。 学生结合自己的经历及调查问卷结果，分析抄袭的原因。 示例：①忘记带作业回家；②不会；③没时间；④懒得做…… （2）请两位同学分别就文科和理科，谈谈自己是怎样做到独立完成作业的。 （3）小组总结解决方法。 （4）小组完成"自主思考，远离抄袭"承诺书。 承诺内容、具体计划，挂在教室前面，作为承诺的凭证	通过小组讨论，让学生自主寻找解决问题的方法
（四）主持人结语	作业看似小事，但它不仅关系着我们的成绩，更关系着我们的诚信态度。自主思考，远离抄袭，一步一个脚印，认认真真走好自己的求学路，踏踏实实走好自己的人生路。同学们，让我们牢记今天所做的承诺，向抄袭作业说"不"！今天的班会课就到这里，谢谢大家！	

（广州开发区外国语学校　朱艳娜）

养成良好的卫生习惯

——高一（2）班主题班会

【设计意图】

尽管学校和年级多次教育和督促，我还是发现班上部分同学的卫生意识淡薄，不良的卫生习惯和破坏校园环境卫生的情况还屡屡出现；再者，春季是传染病高发的季节，提高同学们卫生意识的工作迫在眉睫。

【教学目的】

（1）唤起全体同学对卫生环境重要性的认识，增强环境保护意识，自觉地爱护环境、保护环境，使同学们能切实地从身边的小事做起，创设一个干净整洁的校园环境。

（2）增强学生个人卫生意识，促进学生良好卫生习惯的养成；加深学生对卫生健康的认识，改变不良卫生习惯，提高防病意识和防病能力。

（3）展示同学的才能，锻炼同学的组织能力，增进相互间的了解，并培养相互间的协作能力。

【教学重点】

通过活动让学生体会良好卫生习惯的必要性和紧迫性。

【教学难点】

让学生深刻体会良好卫生习惯的必要性。

【教学形式】

活动体验式。

【教学时间】

40分钟。

【教学年级】

高一年级。

【班会课准备及人员分工】

（1）搜集环境卫生保护知识，查阅相关资料（朱建华、何雯婧）。

（2）班会课教案设计：严伟、何雯婧。

（3）主持人台词：谢昌城、严伟、何雯婧。

（4）PPT制作：梁智勇。

（5）拍摄《高一（2）班卫生宣传片》：谢昌城、严伟、何雯婧、何伟豪。

（6）编排《蝴蝶效应》小品：梁俊铭、卢航、林嘉澍、李茂利、朱建华。

（7）布置教室（含白板书写、班级墙画、板报等）：宋灏、李茂利。

（8）拍照：严伟。

（9）领誓：陈柱廷。

【教学过程】

活动阶段	活动内容	设计意图
（一）巧设情境，引出主题	主持人从谈论"社会主义核心价值观"再到展现系列社会不良现象，引出本次班会课主题	熟悉的面孔、幽默的对白让学生接受得较为自然，确立班会课主题
（二）问题展示，关注现实：《蝴蝶效应》小品	由承担本次自主型班会课的小组，用小品的方式展示一些校园卫生存在的不足和问题（可根据学校、班级的实际情况进行针对性的编剧、表演）	热身活动，调动学生的参与热情
（三）说一说、议一议 1. 主持人引导 2. 小组分组讨论	由主持人带领全班同学重新认识"良好卫生习惯"，引导大家认识到："良好卫生习惯并不是简单地搞好卫生而已。"并组织班级讨论	小组讨论，让同学们挖掘更多的身边的卫生问题，让大家意识到养成良好卫生习惯的紧迫性

续 表

活动阶段	活动内容	设计意图
（四）卫生宣传片欣赏	观看由班级积极分子拍摄的班级卫生宣传片。 宣传片概要：用两位同学的行为提醒同学： （1）在校园不可随意丢垃圾。 （2）掌握套牢垃圾袋的技巧。 （3）垃圾要分类。 （4）维护校园环境卫生	该活动形式新颖，表达效果和说教能力更强，学生更能接受
（五）誓言活动和"贴手印"活动	誓词： 少年志，则国志；少年强，则国强；少年独立，则国独立，让我们携起手，建设美好校园，让我们向前进，创造美好中国	烘托气氛，加强教育效果。 在班级展示区留下印记，拓宽本次班会课教育的时间跨度
（六）班主任总结 美化环境与美化中国人的形象（故事）	故事和新闻分享，强调卫生习惯对一个名族的意义	让学生再次体会良好卫生习惯的更多意义

备注：
《卫生宣传片》已经上传网络：请在bilibili搜索"广州市第八十六中卫生短片"

（广州市第八十六中学　周扬荐）

合作与共赢

——高二（2）班主题班会

【设计意图】

现在的中学生绝大多数是独生子女，习惯以自我为中心，不会也不愿意与他人合作。高二阶段，学生的热情似乎已经淡去，既没有高一时的雄心壮志，也没有面临高考的紧迫感，是一个容易出现动荡和茫然的时期。高二分班后，在班级女生明显多于男生的情况下，班级气氛不够活跃，部分学生融入新集体较慢，希望通过本次主题班会，调动学生的积极性，在游戏中体会合作的力量，促进同学关系更加融洽，形成一个团结友爱、互帮互助、共同进步的班集体。

【教学目的】

（1）意识到团队合作的重要性。
（2）学会如何与人合作，掌握合作的技巧。
（3）体会合作和共赢的关系。

【教学重点】

通过游戏让学生充分体会良好的合作才能达到共赢的目的。

【教学难点】

在竞争中合作，在合作中共赢。

【教学形式】

活动体验式。

【教学时间】

40分钟。

【教学年级】

高二年级。

【教学准备】

6张大白纸、报纸、透明胶、剪刀、油性大头笔、奖品、移动黑板。

【教学过程】

活动阶段	活动内容	设计意图
（一）导入课题	背景音乐《三个和尚》	熟悉的旋律让学生得到放松并且可以快速引入主题
（二）热身游戏：一块五毛 1.宣布游戏规则 2.按先易后难的顺序 3.活动小结	男女围成一圈，男生代表1块，女生代表5毛（非重男轻女，因文科班男少女多）。 按照要求快速组合并找好区域	热身活动，调动学生的参与热情，达到分组的目的
（三）分组游戏：报纸坦克 1.宣布游戏规则 2.小组协商策略	学生认真听清游戏规则，思考如何玩好此游戏，每组派一个代表领取材料。特别强调各小组节约资源，不能造成环境污染，否则取消比赛资格。	小组讨论更能体现合作的方法和策略，也决定着小组完成的速度。强调节约资源和环保理念，不能只顾达到目的而忽略对资源的利用与环境的影响。
3.活动环节一 拼装坦克链条	巡视各小组完成情况，给予必要的提示。	
4.活动环节二 小组坦克赛	环节一结束后各小组自行尝试即可出发。	希望小组成员之间能协调如何配合才能走得更快，而不是盲目向前。
5.分享感受	小组成员交流自己在活动中的收获，把成功的经验和体会写在大白纸上和其他小组分享	分享感受，从体验到体会

续 表

活动阶段	活动内容	设计意图
（四）全班游戏 1.大坦克链拼装 2.两队伍比赛 3.反思与计划	各小组通力合作一起完成班级大坦克（1、2、3合作完成一辆，4、5、6合作完成另外一辆）。 让学生从游戏中回到实际生活中，说说今后会怎么做	学生再次实践合作的要领，巩固本节课所学技能。 让学生把刚刚获得的经验和收获迁移到实践中，使得这些经验能持续发挥作用，指导学生的实际生活和学习
（五）班主任总结天堂与地狱（故事）	故事分享	让学生再次体会只有合作才能达到共赢，深化对合作的理解
（六）填写《反馈表》《分享与收获》		

附：游戏规则

一块五毛： 全班学生绕老师围成一个圈走动，当听到一个数字和要求后快速组合成该数，落单的成员视为淘汰，超过数目的可以踢出，不足的可以找落单的人凑数。

报纸坦克： 每队成员需用透明胶将报纸粘贴成一个能容下全组人员的环状体（坦克链），然后队员进入环状体里缓缓前进，比赛过程中全体成员必须站在坦克链上，行进过程中，报纸如有损坏则需停止前进，进行修补后继续前进，直至到达终点

团队游戏——不倒森林

（广州石化中学　杨山）

我曾经爱过一个女孩

——高二（6）班主题班会

【设计意图】

高二的学生一方面，没有了高一时的壮志雄心，也没有高三面临升学的焦虑，是一个容易产生学习倦怠时期；另一方面，经过一年的相处，同学随着认识的深入，男女之间容易产生爱慕之意，班级会出现学生谈恋爱的现象。本次班会就是针对这些情况，给学生做合理的引导，让他们意识到自己是准成年，但感情观还存在缺漏，不完全成熟，自己应该把更多的时间花在每天繁重的学习任务上。

【教学目的】

（1）让学生认识到自己的感情观还不够完善。

（2）让学生知道在高中这个人生转折阶段自己有更重要的事要完成。

【教学重点】

引导学生合理处理高中生活中的感情问题。

【教学难点】

让学生发现自己的恋爱观存在不成熟的地方。

【教学形式】

引导感悟式。

【教学时间】

40分钟。

【教学年级】

高二年级。

【教学准备】

多媒体投影，常用教具。

【教学过程】

活动阶段	活动内容	设计意图
（一）导入课题	投影主题班会标题 《我曾经爱过一个女孩》30秒	高中学生对于男女感情问题从来都极度感兴趣，投影标题可以让学生集中注意力，快速进入课堂； 每次上这堂课，学生基本要30秒后才能慢慢安静下来
（二）创设问题情境	提出问题： 男同学喜欢女同学什么？ 女同学喜欢男同学什么？把学生回答归类板书，做好记录	学生都觉得自己准成年了，想法都很成熟。设计本问题的目的就是，先记录好学生此刻前的择偶标准，然后通过活动去发现，其实自己的感情观存在一定缺漏，是不够完善的
（三）观看视频，分享想法，引出不足	（1）学生观看视频 （一段感人的恋爱视频）。 （2）复述视频的内容 （视频拍摄手法问题，某些细节不易理解，需要复述）。 （3）分享感受，发现自己在环节二中的想法存在不足。 （4）设计问题（不用回答），让学生独自思考一分钟	视频的内容是环节二中学生没有想到的，但是在两人的相处过程中有可能会碰到的问题。 通过本环节，突出高中学生尽管想法已经相对周密，但还是存在一定缺漏，不是完全的成熟。 设计静默问题，目的引发学生思考，现在正是人生重要的转折时刻，在自己思想还相对不成熟的情况下，是不是真的可以去自由恋爱
（四）观看视频，分享想法，理清自己将要走的方向	（1）观看视频。 （一段新闻采访剪辑）。 （2）分享想法。 （3）反思自己的问题与计划好未来的高中生活	视频内容是一段采访。通过对不同年龄段的人的采访，让学生感受到，自己需要为自己的未来努力，做好计划

活动阶段	活动内容	设计意图
（五）班主任总结	自己的个人经验分享	用自己的个人经验去引导学生，如何处理好高中阶段产生的感情问题
（六）填写《反馈表》《分享与收获》		

附：

视频一：《Because I'm a Girl》

视频二：江西卫视新闻采访剪辑

（广州石化中学　黄志君）

挖掘潜能　超越自我

——高二（4）班体验式主题班会

【设计意图】

高二（4）班是理科普通班，班里以男生为主，由于学习习惯和学习动力等原因，成绩多数处于中下水平，多数学生自学能力不足，部分学生学习热情不够高涨。在期中考中，多数学生没有考出应有水平，为了提高学生学习动力，激发学习热情，结合本班学生的实际情况，设计了本节班会课，目的是让全体学生充分认识自己的能力，树立自信心，为自己设定恰当的学习目标，并在接下来的学生生活中为了达到设定的学习目标而积极行动。

【教学目标】

（1）通过简单的游戏了解自身目标的设定与自己潜力的关系。

（2）通过简单的游戏体会到每个人都有着无限的潜力和能力，在一定的压力条件下，能够发挥出更大的潜力。

（3）发展学生充分认识自己，能为自己设定目标，在游戏中体会总结经验，不断探索。

【教学重点】

引导学生正确认知自己，为自己设定合适目标。

【教学难点】

设定适合自己的目标，制定达成目标的行动。

【教学形式】

活动体验式.

【教学时间】

40分钟。

【教学年级】

高二年级。

【教学准备】

根据班级情况先分好小组，每小组6~8人。

课堂用品：卡纸、网球（每组一个）、秒表一个、PPT与相关视频材料。

【教学过程】

活动阶段	活动内容	设计意图
（一）活动引入	播放轻松背景音乐	引导学生进入放松状态，并快速进入主题
（二）热身游戏 1. 预测自己鼓掌次数 2. 预测与实际达成进行对比 3. 体会感悟，分享交流 4. 设定学习目标	游戏体验一：5秒钟拍掌游戏，让学生猜自己5秒钟拍掌次数，拍掌并计数，重新预测（提高次数），拍掌，最终拍掌3次，不断提高	学生通过预测的拍掌次数与实际次数的差距，促使学生感悟认知：自己的潜能比自己预测的要大
（三）分组游戏 1. 宣布游戏规则 2. 分组讨论策略	游戏体验二：传球游戏 每组商讨好策略后，各小组同时开始游戏，老师进行计时，第一组完成时停止计时，各组重新改进策略；	学生通过简单的游戏，体会解决问题的多种方法。思考探索能找到最高效的解决方案，让学生意识到每个人都有着无限的潜能，在一定的压力条件下，付出行动，便有可能发挥出最大的能力。 科尔布认为学习不是内容的获得与传递，而是通过经验的转换从而创造知识的过程。他用学习循环模型来描述体验式学习。该模型包括四个步骤：

续 表

活动阶段	活动内容	设计意图
3. 体会感悟，交流分享 4. 写下行动计划	小组成员交流自己在活动中的收获，小结感想，制订达成目标的行动计划并写在卡片上	（1）实际经历和体验——完全投入当时当地的实际体验活动中。 （2）观察和反思——从多个角度观察和思考实际体验活动和经历。 （3）抽象概念和归纳的形成——通过观察与思考，抽象出合乎逻辑的概念和理论。 （4）在新环境中测试新概念的含义——运用这些理论去做出决策和解决问题，并在实际工作中验证自己新形成的概念和理论
（三）班主任总结 1. 小结游戏收获 2. 分享视频	观看视频《不要自我设限》	真实的视频故事，升华学生的学习感悟与体验
（四）各小组学习成果展示	各小组将卡片贴到卡纸上，再放到黑板上展示	学生之间交流心得，促进共同进步
（五）填写《反馈表》和《分享与收获》		

附：传球游戏规则

（1）球要经过每位组员的双手，但不能在相邻的两个组员之间传递，看哪个组用的时间最短。

（2）务必做到球在组员之间传递。

（3）最后球不能落地，从谁的手里出发，还要回到谁的手里。

（4）本组组员之间可以交流，小组之间不能交流。

（5）完成游戏时举手示意，老师记录各组的游戏时间，各组不断挑战记录

（广州石化中学　杨凯鸿）

体验同理 和乐成长

——高二（10）班主题班会

【设计意图】

目前，有相当一部分同学与老师、与同学无法很好地协作，班集体荣誉感不够强，"唯我独尊，我行我素"；"我的学习成绩不好是我的事，班集体纪律等好不好，不关我的事"，对待班里的事情是"事不关己，高高挂起"，甚至认为"多一事不如少一事"。针对中学生的这种现状，围绕学生同理心的培养，结合开展相关活动，使学生能与他人一起确立目标并实现目标，尊重并理解他人的处境与观点；能评价和约束自己的行为；能综合地运用各种交流和沟通的方法进行合作。

【教学目标】

结合学生的实际情况，让学生用他们自己的眼睛去发现在小组合作交往中出现的问题，用他们自己的心灵去体会同理心。认识了解同理心，让学生感悟同理心在小组合作学习中的重要性和表现。让学生学会站在别人的角度和立场去感知、体验，增强自身的服务意识和责任感，更好地维护集体的荣誉，真正体验到成长的喜悦。

【教学重点】

使学生能与他人一起确立目标并实现目标，尊重并理解他人的处境与观点。

【教学难点】

综合地运用各种交流和沟通的方法进行合作。

【教学形式】

游戏、故事、现场访谈等。

【教学时间】

40分钟。

【教学准备】

对小组合作中存在的问题在全班进行问卷调查，统计调查结果，对学生存在的问题进行归纳分类，围绕同理心找出本节课所要解决的问题。

【教学过程】

活动阶段	活动内容	设计意图
（一）引入主题，聚焦问题	背景音乐《众人划桨开大船》	熟悉的旋律让学生得到放松，并且可以快速引入主题
（二）设置情境，体会同理 1. 游戏《十指抬人》	一名同学平躺在一张桌子上，他身体的两侧分别站了五名同学，每个同学用食指和中指放在他身子下面向上抬。	热身活动，调动学生的参与热情，达到分组的目的。
2. 现场采访，活动参与	请小组合作学习中优秀的代表现身说法，谈小组合作给自己带来的帮助	成绩突出的同学在合作中锻炼了能力，加深了知识的理解；成绩较差的同学在合作中纠正了自己的学习习惯，掌握了不会的疑难问题，互相帮助，共同提高
（三）祖露心扉，探讨共情 1. 首先解决优秀生的问题。采访优秀生，回放其在辅导和督促其他同学时的场景，进而找到症结	请成绩突出的同学讲述在平常是怎样辅导和督促其他同学的	让学生谈体会与感想，归纳出：不要居高临下，不要鄙视同学，要体谅尊重同学，要理解同学，平等相待

续　表

活动阶段	活动内容	设计意图
2. 采访被帮扶同学，谈自己在合作学习中的不良表现（游戏代入讲解）	共同参与：让参与者双手交叉握拳，看看是左手拇指在上面，还是右手拇指在上面，有的人是左手，有的人是右手。将他们互换，左手为上的改为右手，右手为上的改为左手，换好后让参与者闭上眼睛静心体验一下是什么感觉。询问同学们感觉是否舒服。不同习惯的人之间是否有好坏之分，谁对谁错？	让学生谈体会和感想，归纳出：学会感恩，学会倾听，敢于承认自己的错误，虚心向同学请教。在小组合作学习中有很多的方法和技巧。
3. 游戏《猜数字》	一般十个人以上玩，主持人出数字，下方猜。主持人在手机或电脑上写下1～100之间随便一个数字，不能让猜的人知道。其他的人就可以开始猜。猜中的有奖励。 请获胜的同学谈成功的秘诀，谈自己的感受和启示。 让学生从游戏中回到实际生活中，说说今后会怎么做	通过游戏，让学生认识到情境是不断变化的，不仅仅要理解和体谅别人，而且要把我们对他人的理解和体验用表情、行为动作、语言等传达给对方。
4. 故事：海伦凯勒的家庭教师——安妮·莎莉文的故事（情感升华）		掌握了同理心，在以后的生活和工作中都会给大家巨大的帮助
（五）班会总结，突出主题	小组合作需要同理心，同理心是一种技巧和能力，更是一种理念和修养	尊重为我们架起了友谊的桥梁，理解让生活充满了阳光，同理心使我们激发了更大的力量

（广州市第八十六中学　蔡丹）

激发潜能　砥砺前行

——高三（6）班主题班会

【设计意图】

在前一阶段的惠州联考中，班上部分同学考试成绩没有达到预期的目标。从他们写的考试反思中，我发现这些同学普遍感到压力比较大，有明显的焦虑情绪，甚至有的同学对高考失去了信心。为了帮助这部分同学解决问题，寻求一些具体的措施改变他们当前的困境，充分挖掘其潜能，增强其学习上的自信心，因此设计了本节班会课。

【教学目的】

（1）让学生意识到自身的巨大潜能。
（2）通过更科学的时间管理、备考策略，优化复习方法，挖掘自身潜能。

【教学重点】

通过视频、游戏活动等让学生充分认识并挖掘自身潜能。

【教学难点】

在活动中感悟，联系自己复习备考的实际，寻求解决方法。

【教学形式】

活动体验式。

【教学时间】

40分钟。

【教学年级】

高三年级。

【教学准备】

透明水杯5个、大头针若干、石块、小石粒、沙子、水、小球。

【教学过程】

活动阶段	活动内容	设计意图
（一）引入活动	拍手游戏： （1）预计一下，假如用最快的速度双手鼓掌，你一分钟能拍多少下呢？ （2）观看视频"一分钟拍手802次的鼓掌君"	让学生认识到，人的潜能犹如一座待开发的巨大的金矿，只要我们认真对待遇到的问题，积极思考，行动落实，就会得到令人难以置信的结果
（二）热身游戏	试着把大头针放进装满水的杯子，请同学猜，放进多少枚大头针，水才会溢出杯子（动手实验）	让学生通过游戏，联系自身，有所感悟： （1）看似满满的一杯水，还能容纳这么多个大头针。这个实验告诉我们： ① 高三的我们，看似每一天都很匆忙，时间填得满满的，但还是有很多碎片时间可以利用（饭堂错峰打饭，课间操）。 ② 我们的每一个学科，看似已经达到自己的极限了，实际上仍然还有很大的提升空间（突破难点，不熟悉的知识点）。 （2）关键要有信心和勇气，要行动，去试一试
（三）分组游戏1	以小组为单位，小组同学讨论，试着把石块、小石粒、沙子和水按照一定的顺序放入杯子里，可以不用放完所给的物品。然后说一说这样放的理由，有什么感悟。	通过游戏，让学生积极思考，有所感悟： 感悟一：时间管理。只要挤一挤，时间总是会有的。要合理地安排时间，善于利用碎片时间。 感悟二：大局观。这个水杯就是高三生活，你可以用多种方式来完成高三学生。正像填充这水杯，那些大石头就是将要完成的大事，如学习、锻炼身体等；那些小石头就是面临的次等重要的事情，如人际交往、阅读等；那些沙子就是生活中的琐事，如吃饭、睡觉、刷牙洗脸；那些水就是平淡乏味的生活。我们永远不可能做好每件事情，但永远有可能做好最重要的事

续 表

活动阶段	活动内容	设计意图
（三）分组游戏1		感悟三：规律。我们认为，先往杯子里一块一块放石头，放满后，再装沙子，最后装水，这个过程是非常现实的，是不可逆的，不然该杯子的潜能发挥不到最佳效果。这是最一般的规则，这就是道。古人云："凡事以道御之，无所不可。"庶几近之。世间万物，皆有规则，要按照应有的规则办事，不得随意更改，不然将达不到应有的效果，甚至会受到应有的惩罚
（四）分组游戏2	圆球游戏 游戏规则：每个小组成员进行编号，将球按1、2、3…8、1号的顺序从发起者手里发出，最后按此顺序回到发起者手里。在传递过程中，每一个小组成员都必须触及球，所需时间最少者获胜。如果球掉在地上一次，则在最终成绩上额外加10秒钟	感悟：针对具体问题要优化方法，注重细节，合作共赢
（五）反思与总结	师生共同反思、总结	让学生根据游戏中的所感、所悟，反思自己复习备考的各个环节，制订后一阶段科学的备考方法、措施，挖掘自身潜力，提高学习成绩

张科老师上课现场

（广州市第八十六中学　张科）

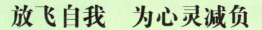

放飞自我　为心灵减负

——高三（5）班主题班会

【活动主题】

缓解考试焦虑，为心灵减负，出色发挥自我。

【活动背景】

高三"一模"考试逼近，但一轮复习尚未结束，学生高考压力大，任务重，高考的倒计时让学生非常着急提高成绩，各科教师反映学生遭遇"高原反应"，学生缺乏信心，焦虑问题严重。本心理健康教育课主题班会是针对学生的这种焦虑状态而设计的。

【活动时间】

高三"一模"前两周。

【活动目标】

（1）让学生缓解考试焦虑，减轻压力，认识到焦虑的危害性和树立自信心的重要性。

（2）帮助学生分析焦虑和压力的产生原因并学会正确归因，找到解决问题的方法。

（3）通过学习活动，让学生了解缓解焦虑的有效途径，学会排除外界干扰，树立自信，自我鼓励，激发自身潜能，以更好的状态应考。

【活动时间】

90分钟。

【活动形式】

（1）集体游戏与小组游戏。

（2）小组表演。

（3）小组讨论。

（4）集体歌舞和体操。

（5）图片和视频观赏。

【课前准备】

（1）游戏准备：大张白纸6张，油性笔12支。

（2）布置活动场地，清空课桌，只留36把椅子（6列×6排）。

（3）课件PPT（包括：可爱小动物有趣表情的图片；心理学焦虑定律、学生考试自我减压小窍门；心理放松操音乐等内容）。

（4）准备辅助教学的几段视频（印度电影"3idiots"《三个白痴》，又译为《三傻大闹宝莱坞》，此电影在高二下学期给学生播映过，学生熟知电影内容中的几个片段；"撑竿跳女皇"俄罗斯运动员伊辛巴耶娃的比赛片段等内容）。

（5）邀请嘉宾（其他班主任教师和学生家长代表）。

（6）印制学案，呈现主要的教学内容，如"缓解考试焦虑的方法"和"心理放松操"图解。

【活动过程】

活动环节	活动内容	活动备注与设计意图
（一）导入（2分钟）	课件PPT：教师播放一些让人哈哈大笑的可爱小动物有趣表情的图片并配以轻快的音乐，活跃课堂气氛	以轻松的姿态开始上课，让学生松弛
（二）暖身活动：集体游戏"Catch & Slide"（8分钟）	（1）要求每名同学左手竖起食指并握紧拳头，在教师发出游戏指令"一、二、三、开始！"时，右手同时去抓坐在其右边同学的左手食指。看哪位同学能抓住对方的手和是否被别人抓住。	（1）该游戏目的是活跃气氛，让学生之间有更多的互动，充分投入活动当中。

续 表

活动环节	活动内容	活动备注与设计意图
（二）暖身活动：集体游戏"Catch & Slide"（8分钟）	（2）教师故意拖延指令"一、二、三……没叫抓啊"，让游戏更有趣好玩，学生哈哈大笑。被抓住的同学"接受惩罚"：做一件让对方感到幸福快乐的事情（例如，握手、击掌，拥抱一下，捶捶背等）	（2）此小"惩罚"目的是让学生感受到来自同伴的友好和鼓励
（三）小组活动一："Make A List"（10分钟）	（1）教师宣布今天的比赛开始，发出指令，比赛看哪组最快地把椅子搬到教室两边。（2）每个小组的同学围在一起，教师给每个小组发一张大白纸和两支油性笔。（3）教师发出指令，请同学们小组讨论，把自己觉得最焦虑、压力最大的事情在大白纸上逐项列出来，做成"焦虑归因表"	（1）用比赛的形式增加学生的竞争和合作意识。（2）此活动是让学生对压力和焦虑的原因能正确归因。学会用"make a list"列清单的方法，找到困难存在的原因
（四）小组活动二："Show & Tell"（20分钟）	每组轮流到讲台前展示：每组的组长拿着这张"焦虑归因表"，其他组员要求用肢体语言和面部表情来表现自己组的焦虑内容和原因，组长做出解释说明。教师邀请在场的嘉宾（听课教师和家长）进行打分	通过肢体和表情的生动展示，了解学生的焦虑状况，同时增强学生的合作意识
（五）小组活动三："Help & Solve"（20分钟）	（1）教师发出指令，让学生将自己组的"焦虑归因表"交给下一组。（2）各组拿到别组的这张"焦虑原因表"，教师要求同学们在大白纸的后面分别对应写上解决这些问题和减轻这些焦虑的做法。（3）每组派出一名队员轮流展示他们的解决方法，并做出解释说明。教师邀请在场的嘉宾进行打分。（4）教师做出小结，引导学生思考，其实我们许多的焦虑都是来自自身的思考方法，许多的压力都是自己强加的，我们可以转换思维方法，避免和减轻压力。（5）重温印度电影"3 idiots"《三个白痴》中的歌舞片段（歌曲："All is well"），让学生一起看视频跟唱并自由舞蹈	（1）通过交换"焦虑归因表"，让学生发现彼此的压力来源其实都差不多，产生同理心，从而更能减轻自身的负面情绪。（2）此活动为"Peer Learning"，目的在于让学生学会换位思考，互相帮助解决压力焦虑，从而引导学生，其实帮助别人的方法就是帮助自己的方法

续 表

活动环节	活动内容	活动备注与设计意图
（六）呈现例子和心理学理论的探讨"Presentation & Discussion"（15分钟）	（1）教师总结刚才进行的活动，引出今天的主题，如何缓解考试焦虑，为心灵减负，出色发挥自我。 （2）视频展示一： 重温电影"3 idiots"《三个白痴》故事中的两个片段： ①播放阿米尔汗（Aamir Khan）所饰演的主角"兰彻"教导两个室友莱俱和法涵应该如何面对压力，减轻考试焦虑的片段；然后教师引用主角"兰彻"的名言："心很脆弱，你得学会哄它，不管遇到多大困难，告诉你的内心All is well'一切顺利'。" ②在好友莱俱因不堪考试压力跳楼重伤后帮助他重新找回自信，最终得到大公企业聘用片段。教师引导学生思考"兰彻"的名言："追求卓越，成功就会在不经意间追上你。"这句话告诉了我们什么道理？ （3）呈现"焦虑定律"：教师PPT呈现著名的叶克斯—道森定律，随后与学生讨论并得出结论：当焦虑水平为中等时，能力发挥的效率最高，所以我们要给自己适当施压，要学会把压力转变为前进动力，同时学会放轻松，不要过度焦虑。 （4）视频展示二： "撑竿跳女皇"俄罗斯运动员伊辛巴耶娃的例子： 首先，教师播放一段伊辛巴耶娃在赛前用白色大毛巾盖住自己来对抗比赛压力和减轻焦虑的片段，要求学生观察她在盖白毛巾前后的表情变化并猜测她的心理活动，向学生提问并讨论。"白毛巾"对伊辛巴耶娃起到了什么作用？与学生讨论得出结论："白毛巾"阻隔了外界的干扰，起到了稳定情绪、缓解紧张、减轻焦虑的作用，帮助伊辛巴耶娃将注意力集中在比赛的过程中。	（1）当我们了解了焦虑的成因和改变心态与思维方法，实际上我们可以有效地减轻这些焦虑。 （2）教师引用电影主角"兰彻"的名言，引导学生解决焦虑的关键在于积极的自我暗示和鼓励。当我们不把注意力放在事情的结果而是放在事情的过程中，全力以赴，力求做到尽善尽美，往往能取得更大的成功。 （3）通过展示心理学上的焦虑定律，让学生了解，其实焦虑是一种常见的普遍心理现象，我们可以通过学习了解并有效克服。 （4）通过伊辛巴耶娃每次试跳前都盖"白毛巾"的例子，引导学生在遇到焦虑的时候，学会找到能帮助自己对抗外在因素干扰的"白毛巾"，把注意力集中到解决问题的方法和过程上。

续　表

活动环节	活动内容	活动备注与设计意图
（六）呈现例子和心理学理论的探讨"Presentation & Discussion"（15分钟）	接着教师播放伊辛巴耶娃的数次试跳并每次要求提高一厘米的片段。引导学生思考：伊辛巴耶娃每次试跳都要求给自己提高一厘米的高度，给我们带来怎样的启示？与学生讨论得出结论：我们学会规划目标，分成远期目标和短期目标，"分小步走"，就能有效分解压力，减轻焦虑并增强自信	通过伊辛巴耶娃每次增加"一厘米"的例子，引导学生懂得"小步走"的原理，通过分解目标，有效降低难度，就能更好地减轻压力和缓解焦虑，从而提高自信
（七）减轻焦虑的方法展示（5分钟）	举例示范：考试前的减压小窍门 （1）Positive-thinking积极的心理暗示：提前一晚收拾好考试用品，当天穿戴整齐，梳洗干净。照镜子下意识对着自己微笑，加油打气，好棒的自己啊，今天我一定会表现得更出色，今天一天会很美好！ （2）冥想松弛法：暂时分散注意力，想想过往自己通过努力达到成功的事例，获得成功后的快感和喜悦等。 （3）咀嚼口香糖：心理测试显示，嚼口香糖能有助于舒缓紧张情绪，降低焦虑程度。 （4）夸张呼吸法。 （5）大力水手呼气法。 （6）瑜伽的腹式呼吸松弛法。 （7）庆祝自己还会紧张：紧张和焦虑是每个人都会面对的问题，要坦然面对。对自己说，真应该庆幸，我还会紧张，这表明我至少还活着，只要活着的人就会紧张	通过这些例子和方法，引导学生，凡事都有解决的方法，自我鼓励，学会坦然面对，正确归因，积极寻求解决方法，给自己施以正能量，学会自我激励，有效对抗压力
（八）心理放松操（8分钟）	教师播放轻柔的瑜伽冥想放松操音乐，指导学生进行"心理放松操"	引导学生学会用正确的方法减轻焦虑和缓解压力，学会积极放松
（九）总结（2分钟）	（1）教师总结今天的活动和每个步骤老师希望学生所学会的知识和心理学意义，引导学生正确面对考试和压力，学会自我调节，减轻压力，增强自信，以最好的状态面对"一模"和高考。教师归纳最佳的竞技状态为："精神要集中，心情要轻松"。	强化今日课程的活动意义，引导学生正确归因并学习了解缓解焦虑的方法。

活动环节	活动内容	活动备注与设计意图
（九）总结 （2分钟）	（2）教师、学生与参与嘉宾均站立，一起把手放在左胸前，一起大声重复"All is well!（一切顺利）"三遍，以此结束活动	强化今日课程的活动意义，引导学生正确归因并学习了解缓解焦虑的方法

（广州石化中学　陈锦洁）

比老虎更可怕的是什么？

——高三（2）班主题班会

【设计意图】

进入21世纪的今天，自由观念深入民心，很多人在追求自由的同时往往容易出现漠视规矩的行为，这对心智尚未成熟的中学生正确价值观的形成产生重大的影响。最近媒体热议的"宁波雅戈尔动物园发生老虎咬人事件"，更让人们反思规矩与自由孰轻孰重的问题。本次班会以上述老虎咬人事件为主线，让学生以模拟法庭的形式感受尊重规矩的重要性，再结合学生实际情况，共同为班级今后更能遵守规矩出谋划策。

【教学目的】

（1）理解自由与规矩的辩证关系，提高辩证思考的能力。
（2）提高语言表达能力与小组合作能力。
（3）牢固树立遵规守纪的意识和为班级做贡献的观念。

【教学重点】

如何在生活中遵守规矩。

【教学难点】

自由与规矩的辩证关系。

【教学形式】

情感体验法。

【教学时间】

40分钟。

【教学年级】

高三年级。

【教学准备】

（1）搜集有关"宁波雅戈尔动物园发生老虎咬人事件"的相关素材。

（2）挑选若干学生担任主持人、法官、原告方与被告方，并对相应学生布置相应任务。

（3）教学课件、16开纸若干、彩笔。

【教学过程】

活动阶段	活动内容	设计意图
（一）开庭探因	教师播放"宁波雅戈尔动物园发生老虎咬人事件"视频后，宣布高三（2）班模拟法庭正式开始。学生观看视频后，主持人带领模拟法庭的原告方与被告方就老虎咬人事件责任归谁展开辩论，班级其余学生充当陪审团	（1）播放最近热议的新闻素材，能有效激发学生投入班会学习的积极性。 （2）让学生分别担任主持人，法庭原告方、被告方等角色，一方面，既能提高学生的语言表达能力和辩证思维能力；另一方面，对开拓学生的视野有着莫大的裨益
（二）结庭反思	主持人宣布进入结庭时间，由"法官"做出结案陈词，其余学生在聆听陈词的过程中感受遵守规矩的重要性	班会大部分时间由学生自主开展，真正起到"把课堂归还给学生"的作用；以模拟法庭的形式讨论自由与规矩的辩证关系，比单纯说教更能潜移默化地让学生感受到真正的自由要以遵守规矩为前提
（三）定规成长	请学生结合生活实际，谈谈身边存在的违规行为。继而让学生以小组为单位，针对本组存在的违规行为，共同讨论、制定小组规则。学生分享反思结果	从讨论案例到反思自身，使班会设计更贴合学生实际，为学生今后更能遵守纪律奠基

（广州开发区外国语学校　游艳雯）

文明旅游，你是最美的风景

——初一（8）班主题班会

【设计意图】

改革开放40多年来，中国人民的物质生活水平不断提高，旅游市场日益成熟，外出旅游成为人民群众的主要休闲方式。近年来，国人旅游中的不文明行为屡见报端，文明旅游成为舆论关注的焦点。青少年是祖国的未来、民族的希望，需要在学校教学中增加文明旅游的教育内容，培养人们对自然、文化的敬畏之心。

【教学目标】

（1）学会辨别旅游中的不文明行为，对不文明的行为能够主动去制止。

（2）掌握文明旅游的一些礼仪，学会运用这些礼仪。

（3）增强文明旅游的意识，做文明的游客，传递文明旅游正能量。

【教学重点】

使学生意识到旅游中不文明行为的严重危害，掌握文明旅游礼仪。

【教学难点】

引导学生在现实生活中对不文明的行为能够去制止，把所学的文明旅游的知识付诸实践。

【教学形式】

活动体验式。

【教学时间】

40分钟。

【教学年级】

初一年级。

【教学准备】

6张卡纸、视频、教学课件。

【教学过程】

活动阶段	活动内容	设计意图
（一）知识竞猜	（1）教师向学生展示100元、50元、10元、5元、1元人民币。 （2）学生举手竞猜人民币背后的风景分别是什么，位于哪里	通过学生熟悉的人民币竞猜游戏引导学生，把有效的资源作为问题探究的切入口，以优化教学，实现班会课的"互动"，既引导学生感受祖国河山的美好，又自然引入新课学习
（二）小组讨论	过渡：通过人民币上的风景，我们领略了祖国的大好风光。然而，这美好背后总有一些不和谐的声音。最近，在杭州接连发生以下事件： （1）10月3日，新华网发文《平文涛，你欠西湖一个道歉》。 （2）10月16日，人民日报发文《"网红花海"全割了，全毁了！都赖他们……》。 （3）小组讨论，"网红花海"被毁，都是抖音惹的祸吗？还有没有其他原因	通过观看抖音视频引发学生思考、讨论，老师不断以问题引发学生思考，注重以"问题"为线索，变"问答"的手段为"对话"的主题。引导学生自主分析原因
（三）图片找茬	展示一组关于旅游中不文明行为的漫画，学生通过观察找出漫画中包含的不文明行为	班会活动强调实践性和生活性，倡导以开放互动与合作探究的方式来实施活动。 深入探究的设置是为了引导学生更加全面深刻地看待问题

续　表

活动阶段	活动内容	设计意图
（四）头脑风暴	小组讨论，将思路汇总在卡纸上，展示这些不文明行为会有何危害	这部分内容注重对学生情感态度价值观的培养，通过漫画的解读，从内心深处摒弃不文明的旅游行为，深刻认识到不文明的行为危害巨大
（五）感悟践行	（1）展示《中国公民国内旅游文明行为公约》《中国公民出境旅游文明行为指南》。 （2）学生阅读并发表感言，谈谈如何在日常旅游中践行文明公约	通过文件的学习，让学生明确文明旅游的行为规范，在现实生活中，运用学到的知识真正地内化于心，外化于行
（六）教师小结	我们都憧憬来一场"说走就走的旅行"，但是人在旅途，更重要的是保持良好的素质和良好的行为习惯。记住，文明的你，是旅途上最美的风景	

（广州石化中学　林洁霞）

中学生上网利弊谈

——初二（3）班主题班会

【设计意图】

随着网络的不断普及，中学生在好奇心的驱动下会通过互联网浏览一些情色类的"低俗内容"，学生的自制能力较差，容易沉迷网络，这不利于中学生的身心健康发展。其实我们也可以利用网络来辅助学习。通过本次班会，提高同学们对网络的辨识能力，利用好网络，取其精华，弃其糟粕。

【教学目的】

（1）知道网络中存在哪些危害。

（2）知道如何利用网络来辅助学习。

（3）通过辩论的形式提高学生的表达能力、思维能力，培养学生的团队合作精神。

【教学重点】

在唇枪舌剑中学会合理利用网络这把"双刃剑"。

【教学难点】

教会学生一定的语言表达的技巧。明确各自辩队的观点，提升学生的思维高度。

【教学形式】

小组讨论、辩论赛。

【教学时间】

40分钟。

【教学准备】

（1）学生自主报名组成辩论队并讨论确定辩论队名称，根据队员的个性特点自主选择不同角色的辩手。最后讨论选择团队的队长。

（2）组织学生和主持人提前观看相关视频资料，了解辩论赛的基本流程。

（3）引导学生上网检索相关的资料并整理形成自己的论点。

（4）指导学生各自进行组内互相模拟攻辩，以提高辩论水平和临场应变能力。

（5）烘托现场气氛，提前布置黑板。

（6）全班同学结合自身情况，提前对辩题进行思考，做好提问准备。

【教学过程】

活动阶段	活动内容	设计意图
（一）自我介绍	辩手结合自身特点进行自我介绍	展示自我风采
（二）主持人宣布主题和导入活动	正方观点：中学生上网利大于弊 反方观点：中学生上网弊大于利 主持人宣布比赛开始	全班明确比赛主题，营造氛围
（三）陈词阶段	双方一辩手进行开篇立论	全班同学通过正、反方的陈词了解网络这把"双刃剑"
（四）攻辩环节	双方二、三辩进行相互盘问	
（五）小组讨论后进行自由辩论	根据正、反方提出的观点，各小组成员结合自身情况进行讨论后对正方或反方进行提问	修改了辩论赛的规则，重视全班的积极参与，提高全体同学对于合理使用网络的认识

续 表

活动阶段	活动内容	设计意图
（六）正、反方四辩进行总结陈词，班主任总结	从求知需求、社会交往等角度谈如何正确使用网络。 避免出现沉迷网络游戏、浏览网络低俗内容、传播不良信息、网络欺骗等行为	引导学生不要只把网络当作娱乐工具，要学会利用互联网获取知识。 平衡学习与上网之间的关系，避免过度沉迷。 提高辨识能力，对于网上的不良信息坚决抵制
（七）合理上网倡议	在倡议书上签名	营造氛围，将认识转化成实际行动
（八）布置作业	将印发的资料带给家长阅读，并向家长陈述中学生上网的危害，以及如何正确使用网络	大部分学生是在家里上网的，提高家长对于正确引导孩子使用网络显得尤为重要。提醒家长守好学生上网的主阵地

（广州科学城中学　洪浩佳）

感恩父母·成就精彩人生

——初二（2）主题班会

【设计意图】

进入初中，面对全新环境，又逢青春期，孩子们与同学、老师、家长相处过程中会产生种种自己解决不了、想不明白的问题。许多孩子与老师同学相处得很好，但在家里与父母矛盾重重，不会正确处理与父母的关系。

【教学目的】

（1）让学生重温活动过程，分享感恩活动的感受，建立"人和"的家校环境。

（2）让孩子们在做的过程中，不自觉地学会感恩，让感恩成为一种习惯、一种态度。

【教学重点】

让学生重温活动过程，分享感恩活动的感受。

【教学难点】

分享感受。

【教学形式】

活动展示和分享。

【教学时间】

40分钟。

【教学年级】

初一年级。

【教学准备】

多次活动的照片、学生的感想、朗读者训练、歌曲训练。

【教学过程】

活动阶段	活动内容	设计意图
导入	解释family首字母组成的句子 爱的考试：家长版（网络问卷）与学生版（现场）	理解家、父母与孩子相互关注的情况
（一）我们是这样爱父母	活动一：展示"我是当家人"活动学生感言	爱的表达
	活动二：《"我是当家人"总结》分享，朗读总结	分享表达
	活动三：《感恩父母》作文分享，朗读学生作品	分享表达
	活动四：学"二十四孝史"，做知恩感恩人活动分享	学习传统文化
（二）父母到底多爱我们	活动一：情景剧：《家长会，爸爸睡着了》	理解家长
	活动二：《父母眼中最美的我们》学生感言	感受父母的爱
	活动三：父母寄语（多位家长寄语、视频）	感受父母的爱
（三）我们的爱永在	活动一：表达我的感恩	学习表达感恩
	活动二：合唱《感恩的心》	表达感恩
	活动三：我们起航了	准备努力
（四）老师寄语	态度决定一切，细节决定成败。目标决定方向，行动成就未来	指明方向
（五）同学朗读	如果说母爱是船，载着我们从少年走向成熟；那么父爱就是一片海，给了我们一个幸福的港湾。如果母亲的真情点燃了我们心中的希望；那么父亲的厚爱，将鼓起我们远航的风帆	学生宣誓，坚定努力前行

（广州市第一二三中　张素寒）

拒绝校园欺凌，还我和谐校园

——初三（4）班主题班会

【设计意图】

初中三年级学生正值青春期，其心理、生理特点都不够成熟，自我意识高度膨胀，情绪波动起伏大，有强烈的叛逆性。当前校园暴力文化泛滥，网络上又出现过量的负面新闻，初中生的社会经验不足，其价值观还没定型，对于难以自我约束的中学生来说，校园或社会暴力容易为他们施暴于校园提供鲜活的"榜样"。有的学生缺乏对自我保护重要性的认识，缺乏自我保护方法和技巧，遇到侵害时显得胆小怕事，不知所措；有的则受家庭、社会影响，遇事冲动，遇到侵害时，可能选择以暴制暴，不计后果，因此引导学生正确应对校园欺凌行为显得极其重要。

【教学目的】

（1）了解校园欺凌现象及其危害，掌握应对校园欺凌行为的方法和技巧。

（2）体验并学会分析校园欺凌中欺凌者、被欺凌者和旁观者三个角色的心理活动，通过小组合作和探究学习培养自主探究、解决问题的能力。

（3）增强自我保护意识，关注他人的安全，培养主动承担责任的习惯。

【教学重点】

应对校园欺凌行为的方法和技巧。

【教学难点】

学会应对校园欺凌行为的方法和技巧。

【教学形式】

角色扮演法、小组合作法、探究式学习法。

【教学时间】

40分钟。

【教学年级】

初三年级。

【教学准备】

6张A2纸，6支油性笔，校园欺凌剧本所需的道具（学生准备）。

【教学过程】

活动阶段	活动内容	设计意图
（一）热身活动	全班围成一个大圆（如果场地不够，则围成两个圆），教师以按摩操活动导入，营造轻松愉快氛围。在最后的"捶打"小环节里，教师及时提问：有没有同学觉得对方用力过猛的？如果在校园内，我们无缘无故被别人揍了一顿，那么你也许遭遇了校园欺凌	营造轻松氛围，引出课程主题
（二）校园欺凌角色分析活动	1. 课前调查分析 教师呈现课前展开关于身边校园欺凌现象的网络调查结果，引起学生对校园欺凌现象的兴趣。 2. 判断测试 教师展示一些校园图片，引导学生判断哪些是校园欺凌行为，并简单解释其概念。 3. 校园欺凌角色分析环节 （1）教师提前把校园欺凌剧本给学生准备，由学生自主表演校园欺凌情景剧，其他同学观看。 （2）引导学生对情景剧中校园欺凌的三个角色（欺凌者、被欺凌者和旁观者）的心理活动进行分析，情景剧表演者自我分享角色的感受和想法，并请其他学生分享其想法。教师以问题引导学生思考：	通过课前调查了解学生对校园欺凌的初步认识。 通过图片展示，让学生了解真正的校园欺凌行为，并明确其含义。

续　表

活动阶段	活动内容	设计意图
（二）校园欺凌角色分析活动	① 欺凌者：你认为欺凌者为什么会欺凌他人？欺凌者当时的想法可能是什么？你觉得什么性格的人更容易成为欺凌者？ ② 被欺凌者：你认为被欺凌者为什么会成为他人欺凌的对象？被欺凌者当时的心理活动可能是什么？为什么不敢/敢于反抗？被欺凌之后，他/她的心理、性格会发生怎样的变化？ ③ 旁观者：看到被欺凌的同学，旁观者的感受或想法可能是什么？	引导学生去思考校园欺凌行为中三种角色的感受和想法，让他们真正体验欺凌行为
（三）应对校园欺凌，我有良策	（1）从校园欺凌的三个角色出发，组织学生讨论三个不同角色应该如何应对校园欺凌行为： ① 欺凌者：如何帮助欺凌者减少欺凌行为？预防校园欺凌行为的发生？ ② 被欺凌者：如何避免成为被欺凌者？当欺凌行为发生时，你应该怎么做？ ③ 旁观者：在校园欺凌行为发生前？看到校园欺凌行为发生时，你应该怎么做？ （2）请各小组将讨论结果写在白纸上，并且以自己小组的特色展示各自的讨论结果。 （3）教师小结应对校园欺凌的方法	小组讨论的方式更能激发学生的思维创造力，并能体现小组合作的精神，让学生从三种角色去思考对策，更有针对性地解决问题
（四）小结提升	1.班级承诺仪式 学好方法，在生活中要注意践行。同学们，现在我们拿起笔要完成一件很郑重的事情。对于校园欺凌，不做欺凌者，也不做冷漠的旁观者；不忍气吞声，也不以暴制暴，而是用各种方法正面应对，以这样的决心，签上你的名字。（签好后组长粘贴在黑板上） 2.总结 远离欺凌，构建和谐校园，需要我们每一个人的力量。让我们一起行动起来，严防欺凌，拒绝暴力，让我们沐浴在爱的阳光下，融洽相伴！	引导学生把课堂上学到的方法和收获迁移到实践中，并督促自己在生活中做一名有责任感的学生
（五）学习评价反馈	学生填写《学习效果评价表》	及时了解学生学习效果，做好教学反思

续 表

活动阶段	活动内容	设计意图

附：情景剧剧本《李明的故事》

初三一名品学兼优的男生李明，初二刚从外地转学过来，因骑一辆新单车、新买了一部苹果7而遭到邻班几个陌生男生的嫉妒，他们经常在放学路上劫住李明，最开始只是围住他，讽刺、辱骂他，李明见他们人多，每次都不敢吭声。到后来他们对李明小幅度的动手动脚，有些同学经过看到了，也只是当他们在玩玩而已，笑一笑就过去了。再到后来，这几个男生见李明没有反抗，每次都还很顺从，他们开始恐吓、勒索甚至殴打他，从一开始索要几十块钱到后面索要几百块，李明一直不敢告诉老师和家人。在他们勒索的时候，有的同学看到了，但是他们不敢出声，有的甚至躲在角落处偷看，还在私下议论：这个人怎么这么没骨气啊？活该！等。到后来，李明想：这也不是办法，干脆一了百了！不如花钱请人把他们揍一顿，他们就不敢再欺负我了！李明真的请人把他们揍了一顿，但是在这个过程中，被同学告知了学校老师，他们都受到了学校的处分

（广州市黄埔职业技术学校　张文婷）

大胆地"问"

——初三（1）班主题班会

【设计意图】

有专家说过："中国孩子、中国学生不喜欢提问，不善于提问。"这绝非污蔑之词，身为一线教师的我深有体会。通过班会课，我想把这样一个现实呈献给学生们，并引领他们找到解决问题的方法，唤醒他们的斗志，去努力塑造自己，改变自己。

十五六岁的孩子们是可以发现自身存在的问题的。我们要做的有两个方面的工作：一是要在方法上给予一定的指导；二是要督促落实。前者相对容易，后者就难了。不可否认，真正的功夫在课后。

这堂班会课主要是采用生成式教学法，先带领学生自我反思。"不敢问"是大多数学生都有的问题，自我反思使学生很容易进入内心的情境，找到自己的问题。之后引领学生自主讨论与交流，剖析问题的原因，找出解决问题的方法。这样总结出来的东西对学生来讲，容易接受且印象深刻，更容易唤起内心的动力。学生七嘴八舌、集思广益，总会有一些出乎意料的答案，这是很好的师生沟通的契机，不容错过。最后总结时，再次强调坚持的重要性。有个别同学，我们在课后要帮助其制订计划表，要配合督促落实，以改善其学习习惯。

【教学目的】

找出学生不敢问的原因，集思广益总结方法。

【教学重难点】

通过学生在思考与反思中说出内心的真实感受。

【教学形式】

生成式教学法。

【教学时间】

40分钟。

【教学年级】

初三年级。

【教学过程】

活动阶段	活动内容	设计意图
（一）导入课题	说起"提问"，我们印象中更多是老师向学生提问，并且很多时候，很多的同学喜欢沉默以对。今天我们讨论的不是"老师向学生提问"的问题，而是"学生向老师提问、向同学提问"的问题。希望加上引号之后，不会引起歧义理解。为什么会讨论这样的话题，主要是因为太多学生在遇到问题时不愿意向老师或者学业水平相对较好的同学求助。说白了，不爱"问"。这里确实有学习态度的原因，但也有心理方面的原因。希望同学们通过今天的交流，能够克服自身原因，为了实现自己的理想，实现自己的梦想，大胆地去"提问"	直面问题，让学生自我反思
（二）集体反思	（1）我们在遇到自己不懂的问题时，会及时寻求帮助吗？ （2）如果寻求帮助，会找谁？ （3）如果没有寻求帮助，你又会做些什么？ （4）有没有某些问题就这样被你遗留下来？ （5）某一学科的成绩不理想，有没有受到"不提问"的影响？	
（三）交流与讨论	我们为什么不喜欢"提问"？ 大家不妨一起来分析分析，如果我们不爱提问题会是什么原因。可以从自己的亲身经历来分析，也可以通过自己的见闻来分析。（讨论之后自由发言） 总结之后，原因如下：	讨论更能让学生敞开心扉，说出自己的感受，之后由学生

续 表

活动阶段	活动内容	设计意图
（三）交流与讨论	1. 无所谓 毕竟不是所有同学都会在意自己的学业水平，毕竟不是所有的问题都会和自己的未来挂钩。 2. 没有回报和榜样 不是所有问题的解决都会换来好的分数，也许你解决的问题考试没有涉及，或者不是学科的重点。还有，你大概也看到了张三很努力地提问，然而很遗憾，学业水平没有什么提升。 3. 根本不知道该问什么 由于学业水平相对较差，对学科知识掌握较薄，有的同学在某一学科上基本不知道该问什么问题。 4. 惧怕心理 （1）害怕自己提出的问题很简单，被同学笑话，或是被老师斥责。 （2）害怕被同学们误解自己是在出风头，显摆自己多么好学。 （3）害怕打扰同学或老师休息，引起对方的不满，从而影响双方关系。 前三种情况是学习态度和水平的原因，要想解决，必须提高对学习的认识，培养更好的学习习惯。第四种则是心理原因，是更多同学需要面对的问题。我们给这种情况起一个名字——"提问障碍"。那么，怎样克服由恐惧拖沓的心理带来的"提问障碍"呢？	总结原因，形成共识
（四）思考： 1. 大胆地"提问"有什么好处	先琢磨琢磨"提问"的益处，我们看到对学业水平有利的一面，就有了内心的动力。尤其是平时比较爱提问的同学，多说说自己从中的获益，也鼓励鼓励其他的同伴。（讨论之后自由发言） （1）搞清楚自己不懂的问题，提高学业水平。 （2）没有问题就不会有创造。思考和探究之后的发现，锻炼了自己思考能力，培养探索精神。 （3）培养自己的交往能力，建立良好的同伴关系。 （4）教学相长。为别人讲解一道难题，自己又思考了一遍，印象深刻；同时，思辨能力和表述能力增强；同时，无意中也成了大家的"偶像"。 一次探讨问题的交流过程，双方都是获益的！	

活动阶段	活动内容	设计意图
2.怎样合理地"提问"	大家再探讨探讨，遇到问题不问肯定不行，下面我们就针对"提问"制定一些基本原则，确定一些基本方法。同学们先讨论一下吧。 （1）遇到难题，先自己思考，尝试解决。解决不了，再提问。不要逢题就问，不要养成依赖的习惯。 （2）遇到不会的题一定要及时解决，不管向谁提问，不能拖沓，以至于问题越攒越多。 （3）不管问老师，还是问同伴，自习时间不提问，不打扰同学学习，不打扰老师办公。下课时间、活动时间抓紧提问。 （4）求教时要有角色意识，面对老师要谦恭有礼貌，要看老师是否忙碌。 （5）要尽快养成良好的提问习惯，要试着每一学科每周都向老师问一次题，要打破羞涩，克服交流心理障碍	讨论后形成解决问题的方法
（五）总结	道理是这样的，说清楚了，大家自然明白。但这只是求知的起点，要克服"提问障碍"，要提高自己的思辨能力，要提高自己的学业水平，就要下决心改变自己，去真正地落实。这真是一件不容易的事。所以，在这次交流的最后，我还是要提示大家，实现一件事要有"决心"，更要有"毅力"。咱们很多人都是三分钟热度，喊几天口号之后就找理由认怂。千万别让自己成为别人前进的教训	教师总结，分析问题的成因，解决的方法，以及后续的跟进工作
（六）教学反思	如之前想到的，不是所有学生都会有实质性的改变，还要尝试个别谈话交流。还要做好任课教师的思想工作，提前通通气儿。人与人的交流受到主客观的诸多因素的影响，毕竟有些学生社交能力不好，毕竟不是所有时间老师们都会精神饱满。学习劲头不足、学习态度不好的这部分人，我们不能放弃，要找突破口	

（广州市第八十六中学　彭宇峰）

人人都应该懂得的"道路语言"

——四年级（3）班主题班会

【设计意图】

四年级学生对道路标志并不陌生，但因缺乏认识往往都会忽略，更没有认识到道路标志的重要性。因此，本节课通过观察、调查、制作、探讨、交流等活动，使学生对"道路语言"产生浓厚的兴趣，能辨认各种常见的交通标志，了解标志的含义，在学习活动过程中习得交通安全知识，从而提高安全意识和自我保护意识。

【教学目的】

（1）通过实地调查和课堂学习能辨认各种常见的交通标志，并正确理解它们的含义。

（2）了解一些过去不太熟悉的交通标志。

（3）在认识交通标志的活动中，进一步强化交通安全法制意识和自我保护意识。

【教学重点】

认识常见的交通标志，并理解它们的含义。

【教学难点】

进一步内化和深化有关交通安全和自我保护的意识。

【教学形式】

活动体验式。

【教学时间】

40分钟。

【教学准备】

（1）布置学生观察、收集身边的交通标志。

（2）制作交通标志小图片。

（3）教师搜集一些不常见的、外国的交通标志。

（4）多媒体课件。

【教学过程】

活动阶段	教师活动预设	学生活动预测	活动设计意图
（一）创设情境，激趣导入	师：大家都喜欢猜谜吗？今天老师也请大家来猜谜。（师做手势：暂停，不说话，OK，伸出大拇指做最棒的姿势。）同学们真聪明，一下子就猜到了老师的意思。是的，这是老师在用无声的语言夸你们呢！ 在我们的日常生活中有一些特定的场合，我们就需要使用这些无声的语言。今天，我们要学习的交通标志就是一种"无声的语言"。 交通标志通过一定的图形、颜色、文字及其他符号向人们传递特定的信息，所以有人又将交通标志称作"道路语言"（板书课题）（读题）	学生猜谜底 学生读题	从学生喜欢的游戏及平时熟悉的生活场景导入，进入新课的学习，拉近了老师与学生、学生与教材的距离，增进了彼此的亲切感，激发了学生学习的乐趣。更体现了"良好品德的形成必须在儿童的生活中，而非在生活之外进行"的教学理念
（二）活动参与，发现感悟 1. 小组交流	同学们，课前老师布置大家收集身边的交通标志，现在老师请你以"我在哪里发现了哪些交通标志，这个标志是什么意思"主题来向你组内的小伙伴介绍一下，开始。（小组内进行交流） 交流展示： 师：谁来向全班同学和老师介绍介绍？	小组交流：在哪里发现了哪些交通标志？它们分别代表什么意思？（课件出示小组准备交流的要求）	培养学生仔细观察的能力及学习收集事物信息的能力。

续　表

活动阶段	教师活动预设	学生活动预测	活动设计意图
2. 交流展示	展示自己收集的交通标志，以"我在哪里看到这个什么标志，这个标志告诉我们什么……"的形式进行。（贴在黑板上） 还有哪些同学收集的标志跟这里的不一样，请你举起来给大家看一下。	各小组选出2~3名同学展示调查结果。将图片张贴在"道路语言"展示台上，并说明它代表的意思。	"以生为本"，发挥学生的活动主体性。通过自主、开放性的学习，让学生了解各种交通标志的特点。
3. 小结	总结： 看来道路语言的确非常丰富，我们的生活中无处不在。而且它们日夜坚守岗位。怪不得有人把它们称为"永不下岗的交通警察"，让我们感谢地称呼它们一声（生读）。 同学们，仔细看看，想一想，这么多的交通标志，如果我们要给它们分类，找找规律，怎样分最好呢？	派2名学生到黑板前共同合作，给交通标志分类。	对书中的内容进行归类，让学生从中发现这些标志中显示的规律。新课程要求我们不要直接地灌输知识，而应让学生通过自己的发现，主动地获得知识。
4. 深化认识	同学们说得都很对。当我们看到交通标志的时候，我们的第一感觉就是它醒目的颜色。现在我们就按照交通标志的颜色把它们分成三类。（找朋友游戏） 师：第一排是以红色为主的，第二排是以黄色为主的，第三排是以蓝色为主的，那么这三种颜色的交通标志分别代表什么指令呢？书中已经很明确地告诉我们了。请打开书67页，自由地、大声地读一读"常见的交通标志"，看看你对它们的特点和作用又有什么新的发现。 师：谁来说说你的新发现？ （1）这类交通标志叫作禁令标志，它不仅有红色的圆圈，大多还在图案上压了一条红色的斜杠。 （2）这类黄底、黑边，形状为三角形的标志，叫作警告标志。 （3）这类蓝底的标志叫作指示标志。 （4）交通标志的类型就主要分为这三大类，有……（齐读）	学生大声朗读"常见的交通标志"。 学生汇报	激烈的竞赛活动中，深化学生对知识的认识，体现课堂的活动性

续 表

活动阶段	教师活动预设	学生活动预测	活动设计意图
（三）拓展延伸	（1）板书： 禁令标志 警告标志 指示标志 （2）看来同学们对"道路语言"有了一定的认识。现在请你们来当小司机，为交通标志选择正确的含义。 （3）刚才我们学习的都是常见的交通标志，现在老师想让你们来猜一猜国外交通设施和标志的含义	学生兴味盎然地投入活动中	学生对国外的交通标志十分感兴趣，拓展学生对交通标志的认识，进行安全教育
（四）总结	（1）演一演。 （2）总结：道路交通也有自己的语言，记住它们传递的信息，是我们好好参与交通，保证道路交通安全的前提和保障。 （板书：懂标志，守规则，保平安） （3）在休息日外出的时候，留心观察路边还有哪些你不熟悉的交通标志，它们的特点和作用是什么，请教他人或自己再深入地了解	让学生在活动中，懂得道路语言	把课堂的学习知识延伸到课外，体现课堂学习的开放性、空间性

板书设计：

人人都应该懂得的"道路语言"

禁令标志 ☐ ☐ ☐ ☐

警告标志 ☐ ☐ ☐ ☐

指示标志 ☐ ☐ ☐ ☐

懂标志　　守规则　　保平安

（广州市黄埔区文冲小学　孔爱红）

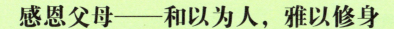

感恩父母——和以为人，雅以修身

——五年级（4）班主题班会

【设计意图】

现在大多数学生都是独生子女，孩子们在父母的娇惯中成长，是幸福的一代。对他们而言，"感恩""孝敬"也仅仅是理解其字面的意思，并不能真正地在生活中实行，向父母"索取"爱成了理所当然的事，同时"付出"爱却要讲条件，或是流于形式地表达爱，而这都不是我们真正想看到的。学会"感恩"，"孝敬"父母是一个人起码的道德准则，多少成功人士他们都有着一个共同的特点——感恩并孝敬父母！

【教学目的】

（1）在观察体验父母的劳动中得知父母的不容易，从而受到感动。

（2）通过主题班会活动，调动学生的积极性，参与讨论，采取听故事、观看视频、情景剧展示等多种形式来引导学生提高感恩父母的意识，体会父母的辛劳，明白感恩父母的道理，用实际行动报答父母的养育之恩。

（3）培养学生勤动手、讲卫生、自己的事情自己做等好习惯，认识到减轻父母劳动负担，让父母少操心就是孝敬父母。

【教学重点】

会感恩并孝敬父母。

【教学难点】

用实际行动报答父母的养育之恩，认识到减轻父母劳动负担，让父母少操心就是孝敬父母。

【教学形式】

以学生为主体、教师为主导的形式。

【教学时间】

40分钟。

【教学年级】

小学五年级。

【教学准备】

（1）开展综合实践研究——妈妈（爸爸）心情变化的研究〔观察父母的心情变化并找出与自己有关的因素，体验一日为父（母）的感受并写出感受〕。

（2）在家长群里展开一次"感恩父母——你是怎样教育孩子的，你有什么想说"的讨论。

（3）教师组织班委会精心阅读学生汇报的资料，了解学生在哪些方面让父母着急、担心、生气，列出"小"手"孝"父母活动方案。

【教学过程】

活动阶段	活动内容	设计意图
（一）起	（1）主持人诗朗诵后宣布主题班会开始。（配音乐） （2）由班主任介绍课前同学们撰写的"妈妈（爸爸）心情变化"研究报告。 研究报告分两部分：一部分研究表明，爸爸妈妈心情的好坏与自己的学习态度有关，不按时按量完成作业、上课不好好听讲都会让父母不高兴；另一部分研究表明，父母下班回到家后还要做很多家务活儿，疲惫的父母心情总不是太好，自己若能把自己的事情完成好，并帮父母做一些力所能及的事，这会让家长心情轻松一些。 （3）教师小结	让学生做调查是为了让他们感受到父母的艰辛及情绪变化与孩子的关系。在这个过程中，孩子学会如理解父母、尊敬父母、体谅关心父母，与父母和谐相处，从现在做起，从点滴做起，以实际行动来回报父母

续 表

活动阶段	活动内容	设计意图
（二）承	（1）听：地震中的母亲的故事。（配以图片和背景音乐） （2）观：电脑播放幻灯片，在背景音乐的伴奏声中，孩子们看到自己曾经在生活中忽略的一幕幕。 （这都是我们生活中实实在在存在的现象，不知同学们看了有何感受？） （3）演：情景剧展示。（每展示完一组情景，让主持人问问学生，有什么感想或想说些什么）	音乐配以故事和画面，可以引起孩子们的共鸣。 图片展示让孩子们知道，生活中、自己的身边随时有这些感人的事情发生。 现实生活中存在的现象，孩子们都有体会，如果说之前那些是看别人的感觉，那么从这里开始，孩子们已经进入自身的切身体会，并开始以第一人称来思考应该如何做
（三）转	（1）课件出示家长群里对"感恩父母——你是怎样教育孩子的，你有什么想说"这个话题的讨论，请同学们看看各自的家长都说了什么，并且请同学们思考这对自己以后感恩父母、孝敬父母有什么提示。 （2）看两个视频，看完后请同学们说说有什么想法，打算怎么做。 （一个是2016年4月1日湖南卫视的《天天向上》中，有一小段讲了父母对子女的爱，截取出来给孩子们看。还有一个是在优酷上下载的短片《人的一生——教育感恩短片》） （3）宣读倡议书	进一步激发学生理解父母、感恩父母的意识。 第二个视频对学生的冲击力会很强，让他们意识到："父母有老的一天，到了那个时候，我们不要嫌弃他们，要像他们对我们一样，世界上除了父母没有人会对我么这么好了。" 倡议书是根据学生的研究报告制定出来的，孩子们更有共鸣
（四）合	集体宣誓	
（五）结束语	班主任总结：希望同学们"常怀感恩心，常做感恩事"	把"感恩父母、孝敬父母"付诸行动，这样才能学有所获

（广州市黄埔区文冲小学　蔡淑妍）

225

严防欺凌　拒绝暴力

——六年级（1）班主题班会

【设计意图】

小学六年级的学生正值青春期，学生的自主意识逐渐强烈，情绪很不稳定，虽说抽象思维能力大大增强，但他们社会经验不足，意志力还不够坚强，分析问题的能力有限，容易受外界媒体和舆论的影响，而当今社会暴力文化的泛滥，对学生们的处世行为构成一定冲击。另外，六年级学生有"自责"和"焦虑"倾向，经常将问题原因归咎到自己身上，遇到侵害时显得胆小怕事、不知所措或选择忍气吞声。除此之外，有的学生缺乏自我保护意识，也不懂得自我保护的方法和技巧，容易受到伤害。因此，引导学生认识校园欺凌现象，正确应对校园欺凌行为非常重要。

【教学目的】

（1）清楚校园欺凌的定义，正视身边校园欺凌的现象。

（2）不做欺凌者，也不做冷漠的旁观者，不忍气吞声，也不以暴制暴，而是用各种方法正面应对校园欺凌。

（3）正面、勇敢地面对校园欺凌，富有同理心和责任意识。

【教学重难点】

体验校园欺凌中三种角色（欺凌者、被欺凌者、旁观者）的心理状态、演绎应对校园欺凌行为的方法和技巧。

【教学形式】

人体雕塑、角色扮演。

【教学时间】

40分钟。

【教学年级】

六年级。

【教学准备】

卡纸6张、油性笔6支。

【教学过程】

活动阶段	活动内容	设计意图
（一）导入课题	（1）手指并拢连续拍掌。 （2）出示校园欺凌定义：发生在学生之间蓄意或恶意通过肢体、语言及网络等手段，实施欺负、侮辱造成伤害的事件	活跃课堂气氛，引入本课主题
（二）理解课题（人体雕塑）	（1）各小组用"人体雕塑"的方式，通过动作展示对校园欺凌的理解。1至6组依次展示，摆好动作后将画面定格。 （2）分享与讨论	学生用动作演示，设身处地了解角色（欺凌者、被欺凌者、旁观者）的行为与感受
（三）情景模拟（听听旁观者的话）	演绎情景（内含1名被欺凌者、8名旁观者）	通过观察具体情景，感悟旁观者不作为对欺凌者的伤害
（四）学会应对	小组讨论应对校园欺凌的方法，并在卡纸上写上答案。 讨论内容： （1）如果你被欺凌，你会怎样做？ （2）如果同学被欺凌，你打算怎样帮助他？ （3）当与同学出现矛盾时，如何解决？	学生思考、交流答案，可以碰撞出更多的思想火花
（五）签名宣誓	学生在各小组写的应对方案上签名，签好后组长粘贴在黑板上（学生的卡纸能拼成心形）	签名宣誓，使活动更具仪式感

活动阶段	活动内容	设计意图

（六）班主任总结

看到心形，你的心情怎样。拼凑心形需要时间，但我们所有人都面带微笑迎接它！远离欺凌，让爱环绕不是一件简单的事情，需要我们每一个人的力量。爱之花开放的地方，生命便能欣欣向荣。严防欺凌，拒绝暴力，让我们沐浴着爱的阳光，融洽相伴

附：表演情景

小华因值日问题和小明起了争执，吵着吵着还打起来了。第二天放学时小明找来了别校的学生围堵小华，把小华打伤，并扬言不会放过他。几周以来，外校学生都会在门口守着小华，或是嘲笑，或是推搡，甚至勒索钱财。此时的小华担惊受怕，不禁低头哭泣。

班上的同学看到了，议论纷纷：

"我没有看到事情的经过，所以不知道他为什么哭。"

"虽然我知道事情的经过，但又不是我的错。"

"我很害怕却又帮不上忙，只有眼睁睁地在一旁看着。"

"我一个人也没有办法去阻止，这也不能怪我呀。"

"虽然应该去告诉老师，可我不敢啊，何况这又不是我的事。"

……

（广州市黄埔区怡园小学　邓宝嫦）

祖国妈妈，我爱您

——六年级（1）班主题队会

【设计意图】

人教版六年级语文上册的第二单元的主题是"祖国在我心中"。单元学习的情感目的是培养孩子们热爱祖国的思想，感受祖国的伟大。第二单元学习结束时，正值国庆来临。因此，设计这样一节中队活动课更具有时代意义。

【教学目的】

（1）通过多种形式的表演来歌颂祖国、赞美祖国，从而激发学生对祖国的热爱之情。

（2）让学生了解我国悠久的历史、灿烂的文化、取得的伟大成就等，增强民族自豪感，树立长大后报效祖国的远大理想。

【教学重点】

（1）多种形式的表演来歌颂祖国、赞美祖国。

（2）了解我国悠久的历史、灿烂的文化、取得的伟大成就。

【教学难点】

（1）激发学生对祖国的热爱之情。

（2）树立长大后报效祖国的远大理想。

【教学形式】

表演的形式。

【教学时间】

40分钟。

【教学年级】

六年级。

【教学准备】

（1）指导学生从课内外书籍或网络中查阅有关祖国所取得的科技、文化成就等方面的知识，并了解国旗。

（2）排练与主题活动相关的各类节目。

（3）黑板中间挂上中国地图，并在四周写上"祖国妈妈，我爱您"几个大字。

【教学过程】

活动阶段	活动内容	设计意图
（一）出队旗	背景音乐及PPT	把学生带入活动的情境中
（二）唱队歌	背景音乐及PPT	复习巩固队知识
（三）活动开始： 1．主持人（甲、乙）边合唱《世上只有妈妈好》第一段，边缓缓上场	甲、乙合：啊！祖国妈妈，是您给了我生命，是您给了我力量，是您给了我一双飞翔的翅膀。我们爱您！	引出队活动主题。
2.诗朗诵《彩色的中国》	主持人甲：（手指黑板上的中国地图）祖国，就像一只雄赳赳、气昂昂的雄鸡屹立在世界的东方。看！碧绿的草原、蓝蓝的大海、弯弯的江河，绘成了一幅美丽的中国地图。让我们全体队员一齐朗诵《彩色的中国》。	了解祖国地大物博，增强热爱祖国的情感。

续 表

活动阶段	活动内容	设计意图
3. 介绍长城	主持人乙：我们祖国有960万平方千米的辽阔土地（陆地面积），那美丽富饶的平原、连绵起伏的山峦、源远流长的江河，以及丰富的资源，养育了我们。壮丽雄伟的万里长城更是我们中华民族的象征，我们为它自豪。下面请一名同学给我们讲讲长城。	了解祖国伟大的物质文化遗产，增强名族自豪感。
4. 男生独唱：《中国人》	主持人甲：无论走多远，我们都不能忘记自己是中国人。 主持人乙：无论到何时，我们都不能忘记，我们是炎黄子孙。请欣赏独唱《中国人》。	培养学生作为中国人的自豪感。
5. 知识竞赛	主持人甲：祖国是我们的母亲，我们都爱她，那么作为她的儿女，我们对她又有多少了解呢？下面就请我们中队的知识小博士来考考大家。 （一名学生头戴博士帽，身穿博士服扮演小博士上台）	了解祖国的悠久历史和灿烂的文化。
6. 配乐诗朗诵：《祖国万岁》	主持人乙：××博士给我们带来的知识问答让我们对祖国有了更深刻的了解。我们的祖国山河壮丽，历史悠久，作为中华儿女，我们感到无比的自豪，让我们高呼"祖国万岁！"请欣赏配乐诗朗诵《祖国万岁》。	歌颂祖国，赞美祖国，为祖国骄傲。
7. 畅谈理想	主持人甲："世上只有妈妈好……投进妈妈的怀抱，幸福享不了……"同学们，你想得到永久的母爱、永久的幸福吗？就让我们捧着自己火热的心，去爱我们的祖国妈妈，保护我们的祖国妈妈，让祖国妈妈永远年轻吧！接下来，请同学们说说自己的想法。 （学生自由谈想法。可以谈现在的想法，也可以谈自己的理想）	树立远大理想，立志为祖国的繁荣昌盛努力学习。
8. 师生大合唱：《祖国，祖国，我爱您》	主持人甲：有了伟大的祖国，才有了我们今天幸福的生活。 主持人合：今天，我们是祖国的幼苗。明天，我们一定会长成参天大树，成为祖国的栋梁。 主持人乙：让我们的笑容，像阳光一样灿烂。 主持人甲：让我们的明天，像春天一样美好。 主持人合：让我们共同祝愿伟大的祖国更加繁荣富强。 主持人合：同学们，让我们一起高唱《祖国，祖国，我爱您》。	抒发情感，升华主题。

活动阶段	活动内容	设计意图
9.辅导员讲话	同学们，我们的祖国有悠久的历史、灿烂的文化。通过今天的班队活动，相信大家会更热爱我们伟大的祖国。但是，祖国更美好的明天要靠同学们去创造。老师希望每个同学从现在做起，学好知识，学好本领，长大后为祖国建设贡献自己的力量	对队活动进行总结
（四）呼号	辅导员领呼，学生回答	表决心，见行动
（五）退队旗	背景音乐及PPT	队活动结束

（广州市黄埔区荔园小学　张媚）